JE CULTIVE L'ANTI-AMBITION

PAUL DOUARD

JE CULTIVE L'ANTI-AMBITION

MARABOUT

« La résignation est un suicide quotidien. »

Honoré de Balzac

Sommaire

Introduction

Lorsqu'on s'apprête à venir au monde par la volonté égoïste de deux personnes qui ont jugé bon de fonder une famille, il est impossible d'avoir un aperçu de ce qui nous attend. On nous expulse de force et sans justification vers une vie dont personne ne peut dire à l'avance si elle sera faite d'une joie infinie ou plutôt d'une extrême tristesse emplie de médiocrité. Si certains appellent ce vide « la beauté de la vie », il me semble que le mot le plus adéquat pour le qualifier est « trahison ». En des termes juridiques plus précis et plus ennuyeux, la vie est un dol. En naissant sans avoir donné son accord, on se retrouve avec un contrat à vie sur le dos sans jamais l'avoir signé. En fait, la vie est un chèque en blanc, et étrangement, personne n'aime faire ça. L'enfant qui vient au monde peut donc être totalement désorienté et choqué de ce qui lui arrive. Il est d'ailleurs probable que si le nouveau-né manifeste sa venue au monde par des cris de terreur ininterrompus, c'est qu'il fait déjà face à une souffrance intolérable. Il comprend, dès ses premières bouffées d'oxygène qui lui brûlent les poumons, l'horreur que représente l'existence humaine. Il perçoit immédiatement la nature du piège dans lequel il vient de tomber et dont il ne pourra, *a priori*, jamais sortir. Malgré les larmes et les sourires de ses géniteurs heureux de cristalliser leur bonheur dans cette chose flasque et rouge qui hurle (l'enfant, vous, moi), il sait déjà que tous ses futurs dimanches d'adolescent seront une suite interminable de piles de draps à plier sous les ordres de ses parents.

Il est fort regrettable de ne pouvoir disposer d'un pouvoir de rétractation avant d'accepter ou non de venir définitivement au monde. Par exemple, disposer d'une fiche descriptive réaliste de la situation qui nous attend pourrait être un début. Ne serait-ce que pour savoir si le père est un alcoolique récidiviste et la mère une héroïnomane qui vote à droite, ou encore si la maison familiale dispose d'un lave-vaisselle. Avec ces quelques informations supplémentaires, l'enfant pourrait choisir en connaissance de cause de poursuivre ou non l'aventure.

La joie que représente une naissance est purement à sens unique, car l'enfant n'a strictement rien demandé. Pour ne rien arranger, la nature est doublement complice. Afin de taire cette tromperie aux générations futures, l'être humain ne commence à mémoriser ses souvenirs qu'à l'âge de trois ans, lorsqu'il est déjà trop tard. Impossible donc de pouvoir alerter ses congénères. Contraint et forcé de naître dans un monde où règnent bananes en sachet et trottinettes électriques pour cadre supérieur, la vie débute donc par un mensonge. C'est sans doute pour cela que je suis mort une nuit de décembre alors que je n'avais pas encore un an.

Allongé dans mon berceau comme chaque soir depuis ma naissance, mon corps a décidé d'arrêter de vivre. Je ne respirais plus. C'est mon père qui s'en est rendu compte, je ne sais plus trop comment. Lorsque mes parents m'ont emmené à l'hôpital en urgence, ils n'eurent aucune réponse sur ce qui venait de se passer de la part du corps médical de garde ce soir-là. C'était comme si j'avais décidé de me rétracter de mon existence avant même de savoir marcher. Après de longues minutes, je suis revenu à la vie de la même manière que je l'avais quittée : sans raison et dans le silence. Je suis bien sûr incapable de vous dire aujourd'hui dans quel état de pensée je me trouvais à cet instant. M'étais-je suicidé après seulement neuf mois d'existence ? Il est possible qu'après un certain nombre de nuits à observer ce jouet débile qui tournait au-dessus de mon berceau et à entendre mes parents parler d'impôts, je pris librement la décision de cesser de respirer. Peut-être avais-je entrevu le mensonge de la vie et les malheurs qui allaient l'occuper pour les vingt-neuf prochaines années telles que les tables bancales, les réunions *kick off* au boulot et autres sacs plastique de supermarché qui se déchirent systématiquement dès lors qu'on y glisse plus de trois articles. Ainsi, me suis-je d'emblée senti trahi par l'être humain qui m'avait expédié dans un monde gris et nul sans même daigner m'en avertir. Peut-être avais-je aussi déjà compris que le bonheur tant recherché par les habitants de ce monde n'était pas pour moi. J'avais tout simplement vu de quoi il en retournait et j'ai préféré choisir de partir. J'étais la preuve qu'il faut essayer avant de choisir, et que tout le monde n'est pas ravi par ce que la vie peut offrir.

Les clubs de strip-tease de Hongrie ont bien pris la mesure d'un tel danger. C'est pourquoi ils proposent à leurs clients potentiels (tels que moi) la possibilité de visiter les lieux quelques minutes avant de décider de rester ou non. Cela permet d'avoir une vision globale de l'ambiance et des prestations qui y sont proposées. Si ces dernières se limitent bien souvent à de l'alcool médiocre et à celles de jeunes femmes à l'enfance traumatisante qui dansent sans interruption, la méthode a le mérite d'être honnête. J'en ai fait l'expérience lorsque j'étais en Hongrie avec des amis. Quelqu'un avait jugé utile de découvrir ce type d'établissement avant de rentrer en France. À première vue, le club choisi était assez pauvre. La musique y était quelconque – comme dans ces salons de coiffure branchés où des écrans diffusent en boucle ce qui semble être de faux shooting photos – et la décoration proche de celle d'un bar à chicha. Comme nous étions une bonne dizaine, il apparaissait logique que nous ne pourrions pas tous entrer pour nous faire un avis. Il fallut donc choisir deux missionnaires qui visiteraient pour les autres et feraient leur rapport. La logique voulait que les deux martyrs soient dans une logique de contradiction. C'est ainsi que leurs regards se posèrent sur moi. Mes amis savent que je déteste ce genre d'endroit et que je m'y sens aussi à mon aise qu'au rayon lingerie d'un centre commercial de zone périurbaine. C'est donc avec un *shot* de Jägermeister généreusement servi à l'entrée comme cadeau de bienvenue (et sans doute pour m'aider dans ma décision) que j'ouvrais une nouvelle étape de ma vie.

À peine descendu dans ce gouffre de désespoir avec Louis, mon compère alcoolisé, deux femmes dansaient déjà lascivement sur une estrade en bois. Malgré une musique d'ambiance qui ne semblait faite ni pour danser ni pour être écoutée, les rires gras de plusieurs autres hommes se faisaient entendre. Assis tout autour de la scène sur des canapés en velours rouge, ils étaient habillés en conseiller clientèle Caisse d'Épargne. Au milieu de ce tableau absurde, un homme grand et chauve suivait chaque client avec une machine à carte bleue dans la main afin de les facturer le plus souvent possible. L'espace d'un court instant, j'eus le sentiment de voir la société moderne tout entière résumée dans cette cave de Budapest. Des hommes gras et suintants gesticulant devant des femmes qu'ils cherchent à posséder pour valider leur vision étriquée et fausse du bonheur. Quant à moi, je ne savais pas bien ce que je faisais là, mais j'y étais toujours, car dans mes trente minutes de réflexion autorisées par l'établissement, mon regard se perdait tantôt sur ces femmes, tantôt sur la carte des prestations locales. J'avais le choix entre un verre de vodka-pomme ou une séance privée dans une chambre au bout du couloir avec une ou deux femmes. Louis était déjà en train de sombrer. Assis en face de moi et entouré de deux femmes, il prit un regard coupable et mima quelque chose avec sa bouche, car la musique était trop forte pour communiquer. Je compris sur ses lèvres : « Trois cents balles. » Je le vis ensuite tapoter sur son téléphone – il essayait tant bien que mal d'augmenter son plafond de découvert *via* son application bancaire. Troublé et ne sachant quoi dire à nos amies, je choisis de commander une vodka-pomme.

Avant de me retrouver dans cet enfer pour classe moyenne, j'avais bien sûr effectué des recherches la veille. Je savais au fond de moi que sur les dix mâles français avec qui je voyageais, au moins la moitié d'entre eux fantasmait d'entrer un jour dans un tel lieu. Sur Internet, les avis divergeaient, comme souvent lorsqu'il s'agit de lieux médiocres. Si Thomas31, un utilisateur de TripAdvisor, qualifiait ces quelques établissements de « véritables bars à putes bas de gamme, tout comme ce pays d'ailleurs », *Le Figaro Madame* préférait évoquer une « magnifique terre de culture » pour présenter la Hongrie. Ayant plus confiance en la presse conservatrice que dans la réflexion d'un anonyme utilisateur d'Internet et probable détraqué sexuel, j'ai décidé de rester. La scène suivante fut disgracieuse. Après avoir envoyé un message au reste de la troupe : « C'est pas mal, vous pouvez venir », j'assistais à l'arrivée d'une véritable équipe de rugby qui descendait les marches du club. Nous étions une bande de puceaux qui voyait en ce club de strip-tease une façon de vivre quelque chose d'intense.

Sept vodkas et neuf refus (de ma part) de danse en *backroom* plus tard, je commençais à me poser des questions existentielles : ces femmes étaient-elles des prostituées ? Restait-il du papier toilette à l'appartement ? Suis-je un gros con ? Ma présence ici avait-elle un sens ? On m'avait offert la possibilité de regarder avant de choisir – fait rare de nos jours – et malgré l'évidente misère qui régnait ici, je n'avais pas bougé de mon fauteuil où des milliers d'hommes seuls comme moi avaient eux aussi posé leur cul. Il y avait trois raisons à cela. La première résidait dans ma terrible ivresse, rendant impossible toute transmission nerveuse entre mon cerveau et le reste de mes organes. La seconde est que je suis un gros con, même à l'étranger. La troisième et dernière raison est que je n'avais pas conscience des deux premières. Plus je voyais ces deux femmes identiques danser en boucle et occuper l'estrade tels des serre-livres dans une bibliothèque, plus je me plongeais dans une réflexion schopenhaurienne. Aurais-je préféré ne jamais naître si j'avais su que les soi-disant plus belles années de mon existence se résumeraient à errer dans un strip-club hongrois au lieu de passer des concours administratifs pouvant me mener à une vie reposante et sécurisée ? Ou, au contraire, me serais-je jeté dans la gueule du loup en pleine connaissance de cause, acceptant le challenge d'une vie normale faite d'ennui et de transports en commun ? N'ayant plus aucune prise sur la première hypothèse, il me restait peut-être une chance de résoudre la seconde. Après une rapide analyse, il m'est apparu évident que pour rester dans un tel endroit sans souhaiter l'extinction totale de notre civilisation, il me fallait ne plus rien attendre de la vie. Cela sonnait même comme une évidence dans mon esprit fatigué par la musique reggaeton infernale qui tournait en boucle. Serais-je de nouveau déçu si mes attentes quant à la vie sont quotidiennement placées au plus bas de l'échelle du bonheur ? Sans doute. Mais toujours de manière moins pénible que si j'envisage ma vie comme une compétition où chaque instant doit être une réussite. C'est ainsi qu'au fond du Hot and Chicks Club de Budapest, je décidais qu'en lieu et place d'un travail acharné pour réussir tout ce que j'entreprends et accessoirement y trouver un sens, j'allais lâcher prise. Dorénavant, je surferai sur un tsunami de résignation face à tout ce que la vie me jette au visage, tout en souriant le plus souvent possible. J'allais accepter les choses telles qu'elles sont. Ivre et déboussolé, je découvrais alors la non-ambition.

Gardant toutefois à l'esprit que je me trouvais dans un strip-club et que, de fait, je ne pouvais crier victoire trop vite, il apparaissait clair que je ne pourrais pas réussir grand-chose dans la vie en agissant de la sorte. Ainsi, la non-ambition était bien ma porte de sortie. Bien sûr, il n'était pas question de me résigner à devenir un personnage gris qui passe son temps à rédiger des courriers de plainte à ses voisins, mais simplement d'accepter que vivre est fatigant. On dit souvent qu'il faut tout essayer pour ne pas avoir de regrets. C'est selon moi complètement con. Au contraire, c'est en mettant tout en œuvre pour arriver à ses fins que la déception peut être la plus grande en cas d'échec. Eh oui, navré de le dire, mais plus on essaie, plus on est déçu. D'ailleurs, si cette stratégie était vraiment payante, pourquoi tout le monde m'a conseillé de ne pas envoyer de message à mon ex sous prétexte qu'« elle reviendra de toute façon » ? En y réfléchissant sur le chemin de la sortie, cette non-ambition n'apparaissait pas tant comme un choix délibéré, mais plutôt comme un message que l'univers martèle et m'envoie chaque jour que Dieu fait : à la caisse du supermarché lorsque la personne devant moi me demande « Ça vous embête si je vais chercher un truc en vitesse ? » ; dans le bus lorsque les gens montent sans me laisser descendre ou encore lorsqu'une fille m'abandonne avec comme seule réponse un « Vu » sur l'écran de mon téléphone. Je préfère ne rien attendre de la vie, comme elle n'a jamais rien attendu de moi depuis cette nuit où je suis presque mort. À Budapest, je venais de comprendre qu'il existe une troisième voie, différente des fausses alternatives que la société nous propose : une quête perpétuelle du bonheur ou le suicide.

J'ai donc depuis fait le choix d'élargir officiellement cet axiome à tous les pans de mon existence – avec l'espoir de jouir d'une certaine réussite. Ma première résolution de jeune non ambitieux fut de me jurer de ne plus jamais remettre les pieds dans ce genre d'endroits et de, si possible, devenir une personne indépendante et capable de prendre des décisions matures. D'être heureux, en somme.

Syndrome de Stockholm

Je sais ce que vous vous dites. Toute cette histoire est un peu tirée par les cheveux. Après ces quelques pages, on pourrait aisément penser que je suis en train de vous faire croire qu'avant cette expérience hongroise, j'étais une personne exemplaire, motivée et pleine d'espoir. Le genre de type qui donne envie aux autres de réaliser leurs projets et qui ne refuse jamais de filer un coup de main pour mettre le couvert le soir. Évidemment, ce n'est pas le cas. Je n'ai pas changé comme par magie un soir d'ivresse au milieu d'une boîte de strip-tease miteuse. Ce serait malhonnête de ma part de le faire croire. Certes, la charge émotionnelle de cette épreuve m'a permis de mettre un nom sur quelque chose que je ressentais depuis longtemps, mais que je n'arrivais pas encore à saisir pleinement. Cela ne signifie pas pour autant que je ne pratiquais pas la non-ambition avant. Sans le savoir, j'étais non ambitieux depuis le jour où je suis décédé volontairement et revenu à la vie quelques minutes plus tard après avoir changé d'avis. Entre ma mise à mort ratée et cette révélation nocturne, j'avais bel et bien été une grosse merde feignante qui ne pensait qu'à en faire le moins possible. Déjà, avant d'être un adulte non ambitieux, j'étais avant tout un adolescent moyen.

Je n'ai pas eu le bac avec mention. Je ne sais pas jouer du violoncelle, je n'ai pas fait HEC et je ne parle pas cinq langues *fluently*. Selon les codes de la société actuelle, je suis donc indubitablement un Français moyen. Cependant, malgré mon apparente banalité, je pense mériter ma place dans la société. Être banal ou moyen, c'est la version gratuite de la non-ambition. C'est ne pas être assez travailleur pour pouvoir prétendre intégrer une grande école, mais pas non plus assez con pour terminer en arts du spectacle à l'université de Rennes-II. Et le tout sans même en avoir conscience. Du collège jusqu'au bac, j'ai fait le strict minimum (c'est-à-dire rien) pour passer en classe supérieure. J'appelle cela « la zone grise des branleurs », celle où vous réussissez à conserver un niveau scolaire suffisant pour que personne ne soit en mesure de vous dire que vous êtes mauvais, sans pour autant obtenir de quelconques félicitations. Cela nécessite un minimum d'efforts pour ne pas faire grimper sa moyenne et rester au milieu, là où personne ne vous calcule. C'était moi celui « qui pourrait être un moteur pour la classe, mais refuse de se mettre au travail ». Il est vrai que mes professeurs me regardaient souvent avec tristesse, comme si refuser de me battre pour une bonne note allait nécessairement me mener plus tard en prison ou dans les affres de l'héroïne. À force de me voir admirer le monde libre par la fenêtre, mon professeur de français de lycée a vite compris que l'analyse de *Germinal* de Zola me passionnait autant qu'un voyage de presse à Vierzon. J'étais partisan du moindre effort, car je ne voyais pas l'intérêt de me tuer à la tâche. Mes camarades de classe étaient eux aussi inquiets pour mon futur. Qu'allais-je devenir si je n'obtenais pas 15 sur 20 en physique ? Comme tous les mecs moyens, faire du skate, rouler des pelles – parfois – à des filles et manger des chips devant MTV avec mes potes constituait à mes yeux des perspectives nettement plus intéressantes que celles de résoudre des équations à plusieurs inconnues, qui de toute évidence ne m'ont jamais servi.

Ayant tendance à systématiquement précipiter mon malheur, j'ai par la suite utilisé mon baccalauréat pour m'inscrire en fac de droit à Paris – contre l'avis de l'ensemble du corps professoral qui me voyait déjà sombrer dans l'échec scolaire et la dépression sévère. Là encore, j'essayais de m'en sortir en travaillant le moins possible. Il est vrai que j'y étais un peu par défaut, car je ne savais pas bien vers quoi me destiner. Il m'était donc difficile de faire preuve d'une grande motivation quand le seul argument qu'on m'assenait était : « Pense à ton futur, Paul. Tu veux vraiment finir comme la dame, là ? » La « dame, là », c'était une caissière de cinquante-six ans qui passait mon sandwich triangle thon-crudités sur son tapis roulant face à une amie première de classe et moi-même. Je ne voulais clairement pas finir comme la « dame, là » et j'étais conscient qu'un diplôme est relativement utile dans notre société. Mais je ne voulais pas non plus finir comme cette amie, qui aujourd'hui passe soixante heures par semaine au boulot pour un salaire qu'elle n'arrive pas à dépenser – même en achetant tous les dessus-de-lit de chez Habitat et en se rendant chez un psychiatre deux fois par semaine. Je me disais que je pouvais sans doute réaliser des choses sans avoir à me prostituer. J'utilisais mon énergie vers des activités qui me faisaient plaisir, et je me disais encore une fois que je n'avais pas besoin d'être le meilleur pour me sentir bien. Cinq ans et quelques rattrapages plus tard, j'obtins un papier indiquant que je disposais maintenant d'un master en droit des affaires. Je ne saurais pas vous dire aujourd'hui par quel miracle j'ai obtenu ce diplôme, car j'ai traversé toutes mes études tel un poids mort équipé d'un cerveau partiellement fonctionnel.

Enfin si. Je sais comment c'est arrivé. C'est un peu grâce à Élisabeth, maître de conférences en droit fiscal à l'université Paris-X. Élisabeth ne se souvient sans doute pas de moi, tant elle voit défiler des milliers d'étudiants perdus chaque année. Pourtant, c'est grâce à elle que je suis ici à écrire ces lignes dans un appartement chauffé et équipé de meubles vintage ridicules. C'est elle qui m'a fait passer mon dernier examen de master de droit, celui qui devait me délivrer de la prison qu'était ma fac. C'était un oral classique de trente minutes. L'attente dans les couloirs de l'université est toujours un moment d'angoisse où toutes les personnes que vous croisez sont tête baissée, les yeux rivés sur leurs fiches de révisions surlignées en rose et bleu du début à la fin. J'ai toujours le sentiment que les gens font ça pour me rappeler que je ne suis pas aussi doué, aussi fort et aussi préparé qu'eux. Chaque personne qui sort de cet oral semble soulagée et revient avec précision sur les questions abordées durant ledit entretien. La plupart du temps, je ne sais pas de quoi ils parlent. C'est à mon tour, mon rythme cardiaque s'emballe. En entrant dans la minuscule pièce qui devait être mon hospice, j'ai pioché au fond d'un panier en osier un bout de papier sur lequel était inscrit mon sujet. Tout le monde connaît ce moment d'angoisse durant lequel on comprend que notre avenir se joue sur une tombola. À cet instant, je rêve qu'un torrent de lave nous emporte tous. De manière très classique, j'ai tiré le sujet sur lequel je ne connaissais absolument rien : les charges somptuaires. Je vous passe les détails. J'avais alors deux possibilités. La première consistait à faire mine de savoir des choses et de passer pour un con pour l'éternité. La seconde était de jouer d'entrée cartes sur table et d'annihiler toute forme d'ambition quant à la réussite de cet oral. J'ai choisi la seconde dans le but de sauvegarder ma dignité. Après quelques minutes à tourner les pages d'un code fiscal sans savoir quoi y chercher, j'ai donc stoppé l'hémorragie. J'ai expliqué d'emblée à Élisabeth que je ne connaissais rien et que je préférais ainsi qu'elle abrège mes souffrances. J'étais face à mon bourreau et je sentais déjà la lame de son épée caresser ma nuque. J'acceptais docilement la sentence et j'étais prêt. Mais au lieu de procéder à ma mise à mort, elle me dit : « Qu'est-ce que vous voulez faire dans la vie ? » Comme mes chances de survie étaient à ce moment-là infimes, j'ai continué sur la même lignée. J'ouvris les yeux et je dis : « J'aime bien écrire, je ne suis pas fait pour le droit, je crois. Mais je voulais aller au bout », le tout délivré d'une voix diaphane avec le regard vide du condamné à mort. Après un long silence, elle me dit : « Je vous mets 10 sur 20. Bonne chance pour la suite, monsieur Douard. » Je me souviens d'être sorti de la pièce en état de transe. Après cinq ans à tout faire pour arriver à obtenir des notes convenables alors que je détestais le droit, j'avais fait cette fois le choix de ne rien espérer, voire de précipiter mon malheur en laissant la vie décider pour moi. Et alors qu'aucune issue agréable ne semblait possible, je sortis de la pièce diplômé. Ce diplôme est toujours dans un tiroir et je ne l'ai jamais utilisé.

Si je ne sentais plus le poids des examens de droit à valider sur mes épaules, j'étais toujours un type moyen en possession d'un diplôme impossible à utiliser. Le droit était pour moi synonyme de souffrance et de costume à porter chaque jour : ce diplôme ornerait donc mes toilettes jusqu'à nouvel ordre. J'étais libre, mais toujours incapable de savoir ce que je voulais faire de ma vie. Toutefois, je venais de remporter une magnifique victoire face à la vie. En décidant de laisser les choses se faire et d'accepter le sort qu'elle me réservait, j'avais obtenu l'inaccessible. Il m'a donc paru évident de poursuivre sur la même veine : précipiter mon malheur le plus rapidement possible pour continuer mon ascension vers une vie meilleure. C'est ainsi que j'ai fait la même chose que tous les petits cons de ce pays nés dans une famille de classe moyenne-supérieure et qui ne savent pas quoi faire : je me suis inscrit en école de commerce.

L'idée était de rester un an pour une deuxième année de master et valider ainsi le fameux bac +5, Graal minimum requis par tous les employeurs de ce pays qui tiennent nos couilles entre leurs mains froides et abîmées. Sans grande surprise, ce fut l'une des pires années de ma vie. J'étais enfermé au milieu de jeunes gens cool qui postent des photos de leurs soirées sur Facebook et dont le rêve ultime est de travailler sur la prochaine publicité Dyson. Chaque matin, en arrivant en cours de « stratégie éditoriale », je pensais à me donner la mort devant mes camarades qui jugeaient tout cela « plutôt intéressant ». Moi, je voulais simplement arriver au bout le plus vite possible et obtenir un diplôme large et sans réel sens, me donnant ainsi la possibilité de prétendre à un nombre incalculable de boulots merdiques, mais correctement payés. Cette ultime année en école de commerce était une sorte de thérapie pour moi. J'espérais provoquer un choc intellectuel puissant et ainsi arracher des réponses sur ce que je voulais faire de ma vie – voire sur ce que je savais faire. Ainsi, chaque jour était une torture. Naturellement, je séchais de nombreux cours. Mais encore une fois, jamais assez pour dépasser le quota autorisé et me faire virer. Le reste du temps, je ne me tuais pas à la tâche. Je n'avais pas changé. Et puis à quoi bon travailler comme un forcené ? Personne n'allait me reprocher dans dix ans de ne pas avoir rendu mon devoir de « communication de crise » dans les délais. C'est idiot de penser que tous nos actes auront des conséquences sur notre futur, car certains n'en ont aucun. C'est prétentieux.

Mes camarades étaient une fois de plus choqués par mon comportement. Ils ne comprenaient pas mes choix. Certains ont pu envisager cela comme de la médiocrité, d'autres comme un cruel manque d'ambition. Dans tous les cas, ils ne comprenaient pas. Lorsque je séchais un cours, ils pensaient que j'allais finir la nuit – et peut-être ma vie ? – en prison. Dans mon cas, il ne s'agissait ni plus ni moins que de « désambition » manifeste liée à une forme de relativisme exacerbé : après tout, ce n'étaient que des cours, merde. C'est cette nonchalance que mes camarades ne supportaient pas. Pourtant, nous avons aujourd'hui tous le même niveau social. À leur grand désarroi, sans doute. Un mec qui était avec moi en école de commerce m'a avoué un jour qu'il « rêvait d'avoir [m]a nonchalance ».

C'est comme s'il n'était jamais arrivé à se détacher de ses contraintes. Il était prisonnier de la pression que ses professeurs, ses parents et ses boss avaient accumulée sur ses épaules de jeune homme et incapable de prendre le moindre recul sur son travail. Finalement, j'ai eu mon diplôme comme eux, mais j'ai passé plus de temps à faire autre chose que travailler. Mon banal cursus fut donc mon laboratoire parfait pour la non-ambition. C'était un test grandeur nature ayant pour thème : « Peut-on réaliser des choses sans chercher à tout contrôler ? » Il semblait bien que la réponse était oui. Maintenant, il fallait grandir.

C'est en 2015 que j'ai publié mon tout premier article pour *Vice*. Il s'intitulait « Je cultive l'anti-ambition au travail ». Depuis un an et l'obtention de mon diplôme en école de commerce, je me décomposais lentement dans une grande agence de communication parisienne qui avait voulu m'embaucher dans le cadre d'une campagne de « détection de nouveaux profils particuliers ». Les gens sur lesquels on colle l'étiquette « différent » ou « particulier » sont souvent ceux qui nous mettent mal à l'aise, ceux avec qui dix secondes dans un ascenseur sont insoutenables. Je l'ai un peu mal pris, mais j'avais besoin d'un travail. Ma mission consistait à rédiger des biographies de personnalités de téléréalité. L'inconvénient de ce travail est que ce type de biographies tient en quelques lignes seulement et commence toujours par : « Après avoir participé à l'émission X… » avant de se terminer invariablement par « John-David s'est lancé dans la musique et participera de nouveau à l'émission... ». C'est tout ce qu'il y a de plus avilissant. L'avantage de ce travail est que je devais écrire, chose qui semblait me convenir sans que je ne sache trop pourquoi. Au bout de quelques mois, j'ai compris que je ne pourrais jamais m'épanouir au travail. Vos premiers cours de philosophie vous ont sans doute appris que le mot « travail » trouvait son origine dans le terme latin *tripalium*, un instrument de torture à trois pieux qu'utilisaient les Romains pour torturer les esclaves. Je m'en suis toujours souvenu. Travailler serait donc toujours plus pénible que n'importe quel type de temps libre, genre rester assis sur un canapé à regarder *Les Anges de la téléréalité* saison 7, par exemple. C'est tout naturellement que j'ai rédigé ce premier article pour *Vice* depuis mon bureau, à seulement quelques mètres de mon ancien patron. Je crois même lui avoir fait un sourire par-dessus mon ordinateur, tout en écrivant : « Pour revenir à la productivité, mettons quelque chose au clair. Travailler plus ne signifie jamais travailler mieux. » J'étais un anthropologue en pleine immersion dans un monde infernal. J'avais à portée de main tout ce que je voulais critiquer dans cet article. Je n'avais qu'à lever les yeux.

Dans mon esprit de mec banal qui ne réalise jamais rien, cet article devait être un genre de coup d'un soir, une belle histoire que je pourrais raconter à mes enfants plus tard – et non le début d'un changement de vie. Mais ce premier papier avait semble-t-il marqué certaines personnes, à commencer par mon ancienne rédactrice en chef, Julie, qui m'envoya un mail simplement composé de « C'est mortel ». Plus tard, alors que je ne souhaitais rien d'autre que crier mon ennui au travail, des gens m'envoyaient des messages sur Facebook et Twitter de type : « Merci mec, moi aussi je m'emmerde au boulot. Continue comme ça ! » Je me trouvais alors dans une situation délicate. D'une part, écrire un article qui explique « Pourquoi le travail est la pire chose sur cette planète ? » aurait pu me faire licencier de mon emploi comme de n'importe quel autre ; d'autre part, il est difficile de se vanter lors d'un entretien d'embauche d'avoir écrit un article qui explique « Pourquoi le travail est la pire chose sur cette planète ? » J'étais bloqué et j'eus parfois peur de ne plus jamais être embauché. Finalement, on m'a proposé d'écrire d'autres articles sur le sujet. Tous ont été écrits sur l'ordinateur de cette agence de communication. Je prenais bien sûr soin d'effacer mes traces et de ne jamais laisser un document Word traîner. J'avais alors abandonné toute idée de faire carrière entre ces murs. Ce job n'était en fait qu'une couverture dont le seul but était de me permettre de payer mon appartement et d'avoir des choses à raconter le soir. Je choisis de continuer à mon poste et de faire comme si de rien n'était – alors que je savais pertinemment que certains collègues avaient lu cet article et souhaitaient naturellement ma mort après mon licenciement pour faute. Leur premier souhait ne se produisit pas (de toute évidence), à l'inverse du second. C'était un matin de novembre. Mon patron, qui d'usage ne m'adresse jamais la parole, me convoqua brutalement par un « Paul, je peux te voir une seconde ? » Je sentis le souffle du boulet m'accompagner jusqu'à l'entrée de son bureau. En arrivant à l'intérieur de ce dernier, je vis qu'il tenait une enveloppe cartonnée dans sa main. Son regard laissait peu de doute quant à ce qui allait se produire. Il me licencia pour faute, stipulant que j'avais « mis en péril l'image et l'intégrité de l'entreprise à cause de mon article, et ainsi violé ma clause de loyauté ». Oui, car je n'ai pas précisé, mais tous mes articles étaient signés de mon nom. Je fus prié de quitter les bureaux sur-le-champ et de donner le code de mon ordinateur – que j'avais modifié. L'ensemble de mes collègues était au courant, mais personne n'osait me regarder. Tous devaient se dire que c'était triste, que j'allais ne pas réussir à rebondir, comme ils disent. Je suis parti sans rien dire. J'étais payé jusqu'à la fin du mois et ensuite je n'avais plus rien. Aucune idée de comment j'allais payer mon appartement ; et pourtant, je me sentais libéré.

Alors en pleine incertitude quant à la suite de ma vie, la rédaction de *Vice* m'a proposé un travail de journaliste deux mois plus tard alors que j'avais fait des études de droit des marchés financiers, que je fais des fautes d'orthographe et que l'ensemble de mes articles critique le salariat moderne. Je venais d'être licencié, j'ai signé tout de suite. Ça y est, j'étais devenu journaliste, profession que j'avais secrètement rêvé d'exercer depuis le collège – avant que mes professeurs m'expliquent qu'on ne peut pas être journaliste si on ne lit pas dix journaux par jour. Curieuse logique. Je n'avais foncièrement rien fait pour atteindre ce doux rêve. La non-ambition commençait à fleurir en moi : mes échecs presque provoqués m'avaient conduit ici, à faire un boulot qui me plaît. Je n'avais, encore une fois, aucune raison de changer de stratégie. Je ne voulais pas me dire : « OK, maintenant il faut que je donne tout, c'est la chance de ma vie », mais simplement continuer à faire ce que je sais faire – c'est-à-dire pas grand-chose. Un travail n'est pas un cadeau, mais une obligation sociétale. Ce n'est donc jamais une raison pour devenir un cyborg productif. Pour moi, toutes les bonnes choses qui m'arrivent sont du bonus. De fait, je ne suis pas le salarié le plus dévoué. Je suis toujours celui qui part à seize heures quand le patron n'est pas là, ainsi que celui qui entraîne tout le monde avec lui. Toujours le dernier à arriver et le premier à partir, en somme. Au bout de un an, j'avais même réduit ma production mensuelle d'articles afin de ne pas trop m'épuiser. Contre toute attente, on m'a proposé une première augmentation, puis une deuxième et enfin une troisième – la plus conséquente. Alors que je n'avais rien demandé, je me retrouvais avec un CDI dans le milieu professionnel qui en propose le moins avec un salaire pouvant me permettre de me payer seul un trente-cinq mètres carrés dans le Xe arrondissement de Paris. Chaque fois que quelqu'un me disait : « Ah, le journalisme, c'est dur, non ? », je répondais : « Non, franchement ça va. » Plus je refusais de me battre, plus ma situation s'améliorait. Je dirais même que j'ai créé un genre de syndrome de Stockholm entre la vie elle-même et moi. J'étais son ravisseur, et plus je la martyrisais, plus elle commençait à me comprendre et ainsi à m'accepter. Être banal est devenu ma plus grande fierté, et il devenait alors impensable de devenir « ambitieux » sous prétexte que j'avais réussi quelque chose dans ma vie. Et puis quoi encore.

En fait, je suis avant tout un mec moyen

Quand on est un type banal comme moi, personne n'en a rien à foutre de vous. Je n'attire ni la pitié ni la reconnaissance, et encore moins l'admiration. Je dois même me justifier auprès de tout le monde. Pour les plus pauvres, je ne suis qu'un petit merdeux qui ne réalise pas la chance qu'il a eue de naître sous la bonne étoile et de faire des études. Pour les plus riches et les surdiplômés, je ne suis qu'une merde, car je n'ai jamais vraiment travaillé, ni été voir la moindre expo à Beaubourg. Et en plus, j'ai fait le choix d'études le moins risqué au monde : droit, le cursus qui, paraît-il, mène à tout. C'est là où vont tous ceux qui ne savent pas encore quoi faire de leur vie, mais ne veulent pas non plus finir pauvres. De ce fait, il serait légitime que mon existence se résume à moisir dans un pavillon du centre de la France. Personne n'a jamais voulu me prendre comme modèle, de même que personne n'a jamais voulu me ressembler. Et ça me va très bien, car c'est sans doute pour cela que toute cette histoire a si bien fonctionné. Refuser de m'impliquer dans une bataille perdue d'avance m'a permis de la remporter les mains sur le guidon, telle une tortue alcoolisée et dépressive qui ne s'est même pas rendu compte que la course avait commencé. Le classicisme de mes échecs récurrents a muté en une forme de singularité me propulsant dans un monde que je ne méritais sans doute pas de côtoyer au départ. Et en y réfléchissant un peu, bien assis sur la cuvette de mes toilettes en scrollant machinalement sur mon téléphone, tout ça n'est pas si surprenant. L'homme normal n'est pas une création de la société moderne, ni même post-moderne. Il ne s'agit pas non plus d'un phénomène récent de type *normcore*, ou ce genre d'absurdités visant à faire émerger un semblant de courant philosophique derrière tout style vestimentaire vérolé. La normalité a de tout temps accompagné des types relativement sympas. Parmi eux, Michel Houellebecq représente l'archétype d'un mec normal s'étant attiré les faveurs de l'élite. Il est relativement éloigné des standards de beauté occidentaux, n'aime pas parler en public et picole quotidiennement. Avant de devenir un écrivain riche et controversé, il a connu le chômage, le divorce et est tombé en dépression. Il était un type normal dans une vie effroyablement ennuyeuse et conforme. Paradoxalement, c'est avant tout d'avoir vécu des choses rigoureusement normales et banales qui ont fait de lui quelqu'un d'unique. Je dois le confesser, c'est en voyant le visage buriné par la vie de Houellebecq – qui, dans d'autres circonstances, aurait pu être l'ivrogne de ma rue – que j'ai entrevu la possibilité de laisser la vie décider toute seule de mon futur sans avoir l'arrogance de prétendre pouvoir tout contrôler. Loin de moi l'idée de me comparer à ce grand écrivain français, je le prends simplement en exemple sur ce point précis. Houellebecq n'a pas cherché à devenir ce qu'il n'est pas, et le succès n'a fait que changer son quotidien, mais pas qui il est. N'avoir été personne pendant la première moitié de sa vie a sans doute façonné l'homme qui aujourd'hui écrit d'incroyables romans.

Je crois qu'aujourd'hui, décider de n'être personne est un choix nettement plus fort que celui de vouloir devenir « quelqu'un ». Devenir quelqu'un dans notre société revient à tout faire pour intégrer un vaste moule à petits cons qui tiennent des coupes de champagne dans des galeries d'art moches, à se calquer sur un modèle de personnes supposées – ou se vantant d'être – meilleures que les autres. Le problème est que la plupart des gens vivant sur cette planète rêvent et pensent pouvoir devenir quelqu'un. Ainsi, la vie subit elle-même le phénomène ou syndrome dit « de la secrétaire » tant décrié par les marques de luxe. À force de démocratisation et d'accès aux crédits à la consommation, les sacs de luxe peuvent être achetés, portés par une part plus large de la population, par exemple des secrétaires qui, auparavant, n'avaient pas les moyens d'acheter de tels produits. Les marques de luxe maudissent ce phénomène, car cela décrédibilise – selon elles – leurs produits et anéantit leur côté exclusif et réservé. C'est comme lorsque vous achetez un manteau et que votre copine a acheté le même : vous avez envie de voir le monde brûler. Il en va de même pour Louis Vuitton, et de la vie en général. Tout le monde s'imagine pouvoir faire de grandes choses et chacun pense qu'il suffit d'être ambitieux pour parvenir à la réussite. Ce n'est pas de votre faute, notre société occidentale nous fait croire chaque jour dans des articles LinkedIn et Medium que tout est possible à force de travail et d'abnégation. Vous vous en doutez, mais cela est bien sûr faux. La preuve est que beaucoup d'anciens camarades – à niveau social comparable, j'entends – qui travaillaient comme des ouvriers à l'école se retrouvent aujourd'hui dans une situation nettement moins confortable que moi, qui ne foutais rien, ou presque. Surtout, cela amène l'idée qu'il faille être toujours « le meilleur », que c'est l'unique solution face à la vie. Les vieilles générations aiment nous gifler avec cette idée qu'on n'est jamais « assez bon », qu'il faut perpétuellement viser « plus haut ». Il semble donc que la préoccupation d'aujourd'hui soit de devenir le meilleur, l'unique, le dernier survivant. La presse non plus n'a jamais oublié de me rappeler à quel point je suis basique, à intervalles réguliers, tous les ans. Chaque année, elle me présente ses fameuses études sur « Les meilleurs masters pour 2018 », « Les meilleures grandes écoles » et le magazine des entrepreneurs bien dans leur tête, *Challenges*, y va de son classique « Comment faire fortune en Californie ? » Et si je veux m'échapper quelques heures devant un film ou une série, il y a de grandes chances qu'un homme blanc trentenaire au courage hors normes soit au cœur de l'aventure – alors que je suis en jogging sur mon canapé à hésiter à envoyer un texto.

Je préfère rester en retrait et voir ce qu'il adviendra de ma vie. Être banal, c'est au contraire choisir une forme d'indépendance et d'autonomie, choisir de ne pas avoir besoin du regard des autres pour exister, mais simplement de leur présence pour s'en nourrir. C'est se fier à ce qu'on est et non à ce que les autres pensent de nous. C'est aussi se construire soi-même au lieu de vouloir ressembler à tout prix à tel ou tel fantasme créé de toutes pièces par notre société. Faire le choix d'être banal aujourd'hui, c'est avoir fait inconsciemment le choix de « vivre sa vie » – en lieu et place d'une fétichisation d'un travail qui lui seul est censé vous permettre d'accéder à une vie meilleure. La vie n'est pas une action qu'il faut faire fructifier le plus possible dans le but d'obtenir toujours plus. Mais vivre, c'est bien aussi. Pour ma part, j'ai peut-être laissé de côté des « opportunités de carrière » importantes, loupé des concours, déçu des professeurs ou repassé des matières que je n'avais, par fainéantise, pas révisées. Ou simplement parce qu'à vingt ans, certaines choses me paraissaient déjà plus importantes qu'obtenir une bonne note. Mais derrière cette banalité, c'est l'ambition que je rejetais déjà. En fait, être désambitieux, c'est surtout ne rien attendre pour ne pas prendre de gifle. Mais ça ne veut pas dire pour autant que rien n'arrivera. Au contraire, et mon passé le prouve. Opter pour la désambition est un choix nettement plus fort que d'être ambitieux. C'est choisir d'être autre chose qu'un simple travailleur ou étudiant. Certains vous diront que c'est un manque de volonté ou de la flemme. Ce sont les mêmes qui divorcent à l'aube de leurs quarante ans.

L'ambition est devenue une norme à laquelle notre génération a cru nécessaire de devoir se conformer dès le plus jeune âge. Ce qui est tout à fait normal dans un pays qui rejette l'inculture. On est là face à une probable conséquence de la tradition égalitariste française, qui veut faire croire à tous que tout est possible et que choisir de ne pas « faire carrière », c'est être un raté. Quand je dis à quelqu'un qui a fait une grande école que je suis allé à la fac, il pense immédiatement que cela ne relève pas d'un choix, mais d'un échec à un concours ou bien d'un manque d'ambition. Il se positionne en situation de supériorité face à moi, alors que nous sommes simplement deux types différents. L'idée même que j'ai pu concevoir ma vie autrement que par l'intermédiaire d'une course au diplôme et à l'argent lui traverse à peine l'esprit. Qu'une personne puisse n'en avoir absolument rien à branler de sortir en boîte à Paris et d'être *Digital Project Manager* d'une entreprise de consulting n'est pas une preuve de non-ambition, mais au contraire, celle d'un choix de vie. Être un expert en fusions-acquisitions ne fait pas de vous quelqu'un de plus intéressant qu'un type qui astique ses vaches toute la journée. Mes études et mes premiers mois dans le monde du travail m'auront appris qu'être banal ou moyen peut finalement s'avérer être la meilleure chose à faire pour réussir – et qui sait, être heureux. Mais elle m'a aussi appris que j'allais devoir me battre contre les autres, ceux qui voient la vie comme une course. Et face à eux, l'anti-ambition est l'arme de prédilection.

Maintenant, je sais que certains d'entre vous se disent : « Tu es bien gentil, Paul, mais tu nous parles de normalité et de non-ambition, mais tu es journaliste et tu écris un livre à vingt-neuf ans. Ce n'est pas vraiment normal, et tu as bien dû te bouger pour y arriver. » Tout à fait, dire le contraire ferait de moi un beau connard. Bien sûr que si j'avais passé ces dernières années à regarder la télévision en mangeant des chips jusqu'à atteindre l'obésité, ce livre n'aurait jamais vu le jour. Mais à l'inverse, si j'étais devenu un salarié modèle qui travaille dix heures par jour et cherche à tout prix le pouvoir et la reconnaissance de son patron, ce livre n'aurait sans doute jamais vu le jour non plus.

Ma conseillère clientèle

Ce n'est pas vraiment l'avis de Gladys, ma banquière. Si, durant l'un de nos nombreux points annuels, je lui avais raconté toute cette histoire de banalité et d'anti-ambition, elle aurait probablement fait un infarctus sous mes yeux. Ou bien elle aurait résilié mon contrat me liant avec la banque, puis m'aurait dénoncé à l'hôpital psychiatrique Sainte-Anne à Paris. Quoi qu'il en soit, il est difficile de faire gober une telle histoire à une personne dont le travail consiste à transformer votre ambition en prêt à taux faible sur trente ans. Si, comme moi, vous n'avez aucune ambition, Gladys se chargera de vous faire prendre conscience de l'importance d'avoir des projets dans la vie et de tout faire pour les réaliser. Sans quoi, vous êtes à ses yeux une merde, comme moi. Pour elle, le monde se divise en deux catégories bien distinctes : d'un côté, les gens qui ont de l'épargne – expression utilisée uniquement par les conseillers clientèles –, et de l'autre ceux qui n'en ont pas. Dans la première catégorie se trouvent la plupart des Français qui jugent à la fois sécurisant et utile d'avoir un petit pactole de côté, pour les coups durs, comme disent les banquiers moyens – et également pour être en mesure d'emprunter. Ces personnes pensent davantage à l'avenir qu'au présent et souhaitent rendre ce futur le moins pénible possible. Accumuler de l'argent et des biens matériels sans raison est une façon comme une autre d'atteindre cet encéphalogramme plat et misérable, symbole d'un avenir tout tracé dont l'issue finale est la relation extraconjugale à l'aube des quarante ans. Dans la seconde catégorie, il y a les quelques idiots dans mon genre. Je dispose aujourd'hui de quatre comptes répartis sur deux banques différentes. Sur ces quatre comptes, trois sont vides depuis le jour de leur ouverture. Le quatrième et dernier est mon compte courant que je vide chaque mois, sans même penser à économiser un centime. Je n'ai aucune dette (ou emprunt, si vous préférez) et je ne suis pas propriétaire de mon appartement. Dans mon esprit uniforme, l'argent que je gagne à la sueur de mes mains est fait pour être dépensé, non pas pour donner une raison d'exister aux banquiers. Contrairement à la volonté de Gladys, il y a de fortes chances que je séjourne dans cette seconde catégorie jusqu'à la fin de mes jours. C'est pourquoi mes rendez-vous avec Gladys me foutent le bourdon.

Il n'existe rien de plus triste que de se rendre à son agence pour y rencontrer une conseillère clientèle.

Soyons honnêtes, si je m'inflige cette épreuve, c'est rarement pour recevoir un prix Nobel d'économie, mais plutôt pour tester mes talents de mythomane face à une personne cherchant par tous les moyens à aspirer mon âme pour en faire un compte épargne logement. Avant même de me faire engueuler par Gladys, rien n'est fait pour rendre ce moment sympathique, voire passable. Le lieu de l'assignation est peu agréable et se trouve être un mélange entre un bureau de poste et un commissariat de quartier. Les agences bancaires sont toutes pareilles. Elles forment un maillage complexe à travers tout le pays, gangrénant ainsi nos villages et villes de leurs portes automatiques et leur carrelage blanc qui nous indiquent tout droit le chemin vers la souffrance et le deuil. La route vers l'enfer est pavée d'agences BNP Paribas. Une fois mon corps à l'intérieur de l'agence, la vie a un goût de cendrier laissé à l'abandon pendant des jours. Tout y est fade, gris et sans avenir. C'est un lieu qui semble avoir été abandonné par la vie et le bonheur, laissant ses pauvres occupants à l'agonie. Les meubles comme les salariés qui y résident. Chaque fois, il s'agit d'un simple rez-de-chaussée divisé en deux ou trois minuscules bureaux sans fenêtres dans lesquels les conseillers clientèles doivent se soumettre aux ordres d'énormes imprimantes multifonctions Xerox qui engloutissent tout l'espace. Au milieu de ces salles, où chacun d'entre nous est réduit à l'état d'enfant qui ne sait pas gérer son argent de poche, se trouve l'accueil.

L'accueil est cette espèce d'énorme comptoir d'où une tête jeune et fatiguée d'apprenti banquier dépasse légèrement. Sur n'importe quel comptoir de banque se trouve un stylo attaché à un câble, stylo qui ne fonctionne pour ainsi dire jamais à côté de plaquettes publicitaires « Jeunes actifs ». Ce sont eux, les deux cons qui sourient bêtement à la vie à côté de la phrase : « Besoin d'aide pour un nouveau projet ? » Dès que je viens m'annoncer pour un rendez-vous avec Gladys, leurs sourires trop blancs pour être vrais sont là pour me rappeler que le bonheur aujourd'hui, c'est eux. Ils sont une de mes Némésis, je sens leur souffle chaque matin lorsque je me réveille dans mon appartement partiellement vide. Autour de ce bunker ne règne que la désolation tant la décoration respire le déstockage Conforama. En attendant mon heure sur l'une des trois chaises disponibles pour patienter, je me demande si tout ça n'est pas une stratégie globale de torture psychologique. Vous savez, nous faire retomber en enfance en recréant le décor d'un bureau de proviseur de collège et l'angoisse qu'il procurait. Je dois reconnaître que c'est particulièrement efficace, puisque l'affolement commence à me saisir – comme en 2006, lorsque le proviseur de mon lycée m'avait confisqué mon téléphone portable à clapet dernier cri pendant huit jours sous prétexte que je l'avais utilisé en cours de mathématiques. Le plus triste dans cette histoire est que je viens me faire engueuler de mon plein gré. Après tout, je pourrais facilement refuser ce rendez-vous et expliquer à Gladys que je n'ai pas besoin de ses conseils pour gérer ma vie. Mais pour une raison inconnue, je suis là comme un con, assis sur une chaise inconfortable au milieu d'une agence bancaire qui rêve que je me marie, que j'achète un appartement et que je décède au maximum à quatre-vingt-cinq ans. Comme chaque fois, je vais entrer dans « le bureau », baisser les yeux et dire : « Oui, j'ai compris, Madame. » Seulement quelques instants après m'être assis dans l'entrée, j'entends les pas lourds se rapprocher – ceux de la cavalière de l'Apocalypse. « Installez-vous dans mon bureau, j'arrive. » Même si « son bureau » ressemble plus à un parloir de la prison de Fresnes, je m'exécute.

Il existe un point commun entre les bureaux de conseiller clientèle, de proviseur de lycée et de directeur des ressources humaines : la chaise qui sert d'assise à la personne qui va se faire défoncer (moi) est toujours plus basse que la chaise du bourreau (Gladys, par exemple). Cela me met toujours dans une situation inconfortable, car je me sens d'office inférieur, mal à l'aise et plus petit que je ne le suis déjà. Là encore, il s'agit sans doute d'une technique d'intimidation basique que l'on apprend dans les écoles de management. Intitulé du cours : « Comment gagner la bataille psychologique ? » C'est toujours le cas. En plus d'être trop basse, la chaise est étonnamment « cassée » et donc impossible d'en régler la hauteur. Cela la rend indubitablement bancale, et chaque mouvement que j'opère avec mon bassin risque à tout moment de me projeter violemment en arrière. Je suis sur une chaise de torture. Après m'avoir fait attendre sept minutes seul dans son bureau pour, bien sûr, créer l'angoisse et le doute en moi, Gladys entre.

Avant même de m'adresser la parole, Gladys commence par scruter mon compte bancaire sur son écran d'ordinateur datant du siècle précédent. À chaque ligne de débit parcourue par ses yeux globuleux, je peux discerner sa pensée grâce aux expressions faciales de son visage abîmé par la vie. Fatiguée d'un quotidien exclusivement dédié à reprocher son manque de *cash flow* et d'esprit d'entreprise à ses clients de la classe moyenne, elle ne prend même plus la peine de masquer ses opinions. Elle prend la posture et le visage affecté de mes parents à la lecture de mon bulletin de notes de lycée. Vient ensuite un bref soupir attendu, sans doute lié au *statu quo* de ma situation depuis ma dernière visite. Elle m'explique que mon loyer est « un peu élevé par rapport à mes revenus ». Stupéfait par une telle nouvelle, je reste stoïque sur ma chaise, les bras ballants et les yeux à moitié ouverts à cause de la lumière du néon qui se trouve au-dessus de nous. Puis elle me regarde, moment qu'elle choisit pour m'expliquer être là pour m'aider – tout en me facturant 80 euros d'agios pour mon dépassement de découvert le mois dernier. Gladys est une fusion entre ma mère et Antoine, mon voisin de palier qui dirige Droit au sommeil, une association qui veut éradiquer tous les bars du Xe arrondissement pour retrouver le sommeil. Gladys est autoritaire et sa sanction est toujours disproportionnée. C'est aussi à cet instant que son visage se tend et ses yeux s'ouvrent comme ceux d'un tarsier des Philippines. Elle me fixe et me dit : « Mais, vous n'avez aucune épargne ? Ils sont où, vos projets à long terme, monsieur Douard ? » Question rhétorique puisque le solde de mes comptes se trouve sous ses yeux. Il est très désagréable de toujours se sentir fautif, alors même que je dispose d'un salaire décent, d'un CDI et de toutes mes facultés motrices et intellectuelles. Dans le monde de Gladys, une personne respectable doit avoir de l'épargne pour procéder à des investissements à long terme, voire se marier. Évidemment, cela lui permet de donner un sens à son emploi, car si tout le monde arrêtait d'emprunter, Gladys n'aurait plus d'utilité dans la société. Elle se suiciderait sans aucun doute. Son air faussement surpris quant à ma situation financière me surprend à mon tour. Quand j'entre dans son bureau, elle peut voir à mon tee-shirt troué, et à l'état général de mon visage, que je ne viens ni lui annoncer mon mariage, ni un emprunt pour acheter une maison à la campagne. Moi, je dépense tout mon argent chaque mois. Je suis donc une épine dans son pied, une cellule *error* dans un tableau Excel infini.

Grandir implique deux choses : remplir des formulaires administratifs et avoir des projets. Si la première est inévitable à moins de vivre avec une tribu amérindienne cannibale, la seconde est plus complexe à esquiver. À la fin de notre rendez-vous, Gladys me tend une nouvelle fois sa carte avec une petite moue. Elle me jette un dernier regard comme elle le ferait pour un condamné à mort et me dit : « N'hésitez pas si vous avez besoin d'aide. » Dès ma sortie de ce lieu sans lumière ni oxygène, je sens bien que la torture psychologique a fait son chemin. Dois-je changer de vie ? Suis-je une grosse merde ? Vais-je décéder seul dans un squat, noyé dans mon vomi et dévoré par mes chiens ? J'ai le sentiment d'être un mendiant que tout le monde regarde de travers dans la rue. Les passants me semblent plus beaux, mieux habillés. Tous ont les cheveux courts et le pas sûr. Cultiver cette non-ambition, c'est se battre quotidiennement contre les armées du capitalisme et de la performance. Tous les jours, ils essaient de faire de moi l'un des leurs : un travailleur suffisamment endetté pour ne jamais être en mesure de quitter son travail, mais dont l'achat par crédit d'une maison en province lui fera oublier qui il est. Gladys veut me retirer ma liberté, celle de n'avoir aucune dette et ne rien devoir à personne.

Avoir des projets est au XXIe siècle synonyme de bonne santé mentale. Ce concept va de l'acquisition d'un trois pièces avec un mur taupe à l'achat d'un aspirateur vapeur en passant par un voyage à Cancún. Quelqu'un qui n'a aucun projet est une personne qui va mourir. Même les jeunes chômeurs ont des projets, c'est pour cela qu'ils disent : « Je suis sur plusieurs trucs en ce moment », et ce afin d'éviter de préciser qu'ils ne foutent rien. Pour l'espèce que représente ma banquière, l'ambition est une raison de vivre, un motif de réussite et une fierté personnelle. Avoir des projets, c'est regarder vers l'avenir et donc emprunter de l'argent et faire tourner le système. Ce raisonnement est pourtant étonnant puisque les projets à long terme sont un moyen de transmettre un héritage aux générations futures qui, elles, vivront après notre mort. Investir, mettre de côté ou encore lire un prospectus de préretraite est pour moi synonyme d'enfants qui viennent me voir en maison de retraite pour m'obliger à signer un chèque avant de m'abandonner aux aides-soignants qui me molestent si je refuse d'avaler mon cachet. Je viens d'avoir vingt-neuf ans et je devrais déjà penser à « l'après » ? C'est hors de question. Plutôt mourir. Je refuse d'entrer dans ce cercle. Je préfère dépenser tout l'argent que je gagne chaque mois, en profiter pour faire tout ce qu'une société occidentale peut m'offrir, aussi futiles ces choses soient-elles. La vie est assez misérable comme ça pour que je doive me sacrifier pour les générations futures, qui elles aussi devront se sacrifier pour les générations futures. Le dernier survivant qui verra un astéroïde lui foncer dessus se sentira sans doute un peu lésé. Peut-être qu'à ma mort je ne laisserai derrière moi aucune bâtisse de famille, aucun compte épargne que mes enfants pourront vider dans l'alcool et la drogue – mais ils garderont de moi un livre (peut-être plus si vous parlez de celui-ci en bien sur les réseaux sociaux, que vous lui donnez cinq étoiles sur le site de la Fnac et que vous l'achetez par pile de dix, qui sait) où je déverse ma haine avec un plaisir inouï. Et ça, aucune fierté ou réussite matérielle ne pourra l'égaler.

Marc

Sans être un chercheur émérite du Centre national d'études spatiales ou un rasta blanc spécialiste pour BFM TV, je pense ne pas trop me tromper en affirmant que nous sommes globalement dans la merde. Aujourd'hui, notre civilisation est attaquée de tous les côtés par des phénomènes d'une violence inouïe qu'il nous est impossible de prévoir, contrôler voire d'anéantir. Des typhons force 6 aux maladies mortelles inoculées par des moustiques géants en passant par des hordes de prêtres catholiques, notre monde est malade. Si cela peut parfois faire germer en moi l'idée de m'accrocher à un frigo avant de sauter au milieu de l'océan, je tente néanmoins de conjurer les malheurs de notre temps avec une vie normale dont la principale échéance est de me rendre chez le coiffeur au moins une fois tous les quarante-cinq jours. L'idée est toujours restée « dans l'air du temps » sans pour autant y réfléchir plus que ça. Si je tente de traverser l'épreuve que représente la vie aussi simplement qu'un train Corail traverse la Creuse, un autre fléau essaie chaque jour de remettre en question ma non-ambition et ma banalité. Orchestré par un groupe de Français qui recrutent chaque jour de nouveaux fidèles, ce cancer moderne a tranquillement ensemencé dans les bars à pétanque et autres « open air » où des barmen à mi-temps tatoués manipulent les boutons d'une machine pour provoquer une mélodie simple, poussant ainsi les spectateurs à s'injecter eux-mêmes des substances toxiques. Entre deux performances, ces gens se nourrissent exclusivement chez un commerçant du coin avec qui ils discutent et peuvent profiter de produits frais en circuit court. Tantôt je les hais, tantôt je les admire – et donc je me hais. Cette nouvelle catastrophe qui dévore notre société s'appelle « le cool ». Et le chef de cette armée s'appelle Marc.

Marc est l'archétype de l'homme moderne cool du XXIe siècle. Il parle fort, il a les cheveux longs et, bien évidemment, il vit à cent à l'heure. Ses tatouages sont le résultat d'une vie effrénée d'épicurien dont la musique est l'élément central. Il n'est jamais disponible le soir, car il se rend au concert d'un groupe moldave forcément hors normes dont le son issu d'un tuba de plongée écoresponsable et d'une ancienne guitare cassée est, paraît-il, plus authentique. Tout cela n'est possible que si aucun de ses nombreux amis artistes ne mixe pas sur une péniche. Malgré cette hypersociabilité, il ne possède pas de smartphone, car il n'est pas matérialiste et aime se sentir libre. Loin de la perversité des réseaux sociaux, il flâne le dimanche aux ventes de vinyles chez Radio Nova. Sa photo de profil Facebook laisse peu de doutes quant à la singularité du personnage : lui, l'air hagard, sortant d'une tente vétuste au milieu d'un festival techno. De temps à autre, il se rend à un concert de rap pour conserver une certaine « street crédibilité » auprès des gens qui ne sont pas de son milieu. La rumeur dit qu'il aurait un petit sexe.

Si Marc et moi pouvions parfaitement passer l'intégralité de notre existence sans jamais avoir d'interactions, il n'en est rien. Marc travaille à côté de moi. Je déteste Marc, bien sûr. Quarante heures par semaine, nous partageons le même espace, le même oxygène et nos fesses se posent sur les mêmes cuvettes de toilettes plusieurs fois par jour. La torture psychologique que représente cette proximité se cristallise chaque jour dans ce « Ah, *sorry* mec ! » qu'il m'assène chaque fois qu'il frappe le pied sous la table pour la huitième fois. Le simple fait de l'entendre commencer l'intégralité de ses phrases par l'anaphore « Mais mec » déclenche chez moi une violente rage de dents – tantôt « Mais mec, j'étais explosé hier », tantôt « Mais mec, je ne me souviens de rien hier. » L'énergie qu'il affecte à raconter le quelconque de sa vie me subjugue. Il m'arrive même d'avoir des vertiges lorsque quelqu'un ose l'appeler « Marco », ce qui le rend instantanément aussi infernal qu'un vendeur de planches de surf du Sud-Ouest. S'il est clair que sa simple présence me donne envie de voter à droite, c'est paradoxalement quand il est en période de vacances que l'idée de me noyer volontairement dans la Seine jaillit de mon esprit.

Quand un Français moyen – comme moi – part en vacances, il procède toujours de la même façon. L'angoisse que représente l'organisation d'un trajet en transports en commun requiert bien sûr d'anticiper et de poser des jours de congés pour la durée du voyage. Mais il faut également prévoir un jour avant pour relire cent fois l'heure et le lieu de départ et un jour (ou deux) après pour faire face à la fatigue d'un retour et aux lessives obligatoires qui symboliseront la fin des vacances. Mais Marco n'est pas un Français moyen. Il porte des chemises à motifs aztèques par-dessus des shorts en jean qu'il a lui-même découpés. Quand il part en vacances, un passage par le bureau est obligatoire. En arrivant avec son sac sur l'épaule comme s'il partait faire le Vietnam, il m'apostrophe d'entrée sans que je n'aie émis le moindre signe laissant penser que je voulais entamer une quelconque discussion avec lui. « J'avais quelques mails à envoyer avant de partir. Relou », me dit-il en soupirant, comme si quelqu'un l'avait forcé à être ici. Je regarde quelques instants autour de moi pour être certain que cette platitude m'était bien destinée. À cet instant, je me demande qui sur cette planète a assez de conscience professionnelle pour passer au bureau un jour de départ en vacances ? Personne, *a priori*. De base, je fuis le travail dès que je peux. Alors, l'idée de passer au bureau une dernière fois avant de prendre un avion me plongerait sans doute dans une sévère dépression. Si la France fait partie des pays d'Europe où les salariés ont le plus de congés payés, certains comme Marco veulent voir une dernière fois le visage pâle et triste de leurs collègues avant de partir.

Tout en pianotant machinalement sur mon ordinateur, je me fis la réflexion qu'il ne peut y avoir que deux raisons à cela. La première est qu'il veut maximiser l'effet de ses vacances, un peu comme quand on traverse le pédiluve froid d'une piscine municipale avant de sauter dans le bain chaud des enfants. *Oui, je suis le pédiluve.* Ainsi, Marco repasse voir une dernière fois toutes les choses horribles qui constituent son quotidien avant de s'envoler vers un pays en voie de développement avec son appareil photo argentique qu'il aurait, selon la légende, trouvé dans le grenier de ses parents. La seconde hypothèse est qu'il a peur que sa « coolitude » ne s'évapore sous l'effet de sa non-présence, et qu'un autre prenne sa place. Être cool, c'est comme être P-DG, il n'y a qu'un seul siège. Cette pression psychologique qu'il assène chaque jour à nous autres mortels n'aurait donc pour objectif que de nous empêcher de l'oublier. Je dois reconnaître qu'il est aussi efficace et infernal qu'une publicité de radio. Ses vacances signifient aussi mes vacances, et ainsi la fin temporaire de son hégémonie. C'est donc dans les derniers jours qu'il doit tout donner. Il se transforme alors en une machine démoniaque et assomme chaque personne de notre open space de blagues sur des groupes de musique inconnus et de soupirs de type « J'ai trop de taf, c'est relou. » En fait, sa plus grande angoisse serait de rentrer de vacances et de trouver assis à son bureau une version de lui évoluée, un Marco chilien et bronzé en train de raconter son expédition dans la cordillère des Andes. Ce serait insupportable pour lui, et également pour moi. Quoi qu'il en soit, je rêve qu'un violent éclair le frappe et le grille sur place. Après avoir fait semblant de travailler et dit à l'ensemble des salariés qu'il partait à l'arrache (forcément), il finit par se tirer.

À son retour quelques semaines plus tard, il recommence le même cinéma. Au lieu de rentrer chez lui comme toute personne sortant d'un avion *low cost* où la transpiration et l'air conditionné forment une épaisse couche de désespoir, lui débarque au bureau à 16 h 30. Il dépose violemment son gros sac par terre avant de signifier à tout l'open space qu'il revient d'un voyage initiatique en Inde et que « c'était ouf ». Marc est une merde. Et comme toutes les autres merdes avant lui, il aime beaucoup qu'on le regarde et qu'on lui demande si ça va. En forçant ses collègues qui le méprisent – surtout moi – à célébrer son départ puis son retour de vacances, Marco fait exactement la même chose que ceux qui annoncent leur départ des réseaux sociaux sur les réseaux sociaux, puis reviennent comme un cheveu sur la soupe quelques semaines plus tard. Il cherche à créer du sens là où ne règne que le vide. D'une certaine façon, il veut justifier sa présence, justifier son départ et donc, pourquoi pas, justifier son existence. En le voyant s'adresser aux gens, pressé de pouvoir raconter la fois où il a pris du LSD sur la plage de Goa avec Sophia et Hannah – deux Anglaises (elles aussi en vacances initiatiques) qu'il reverra en festival prochainement pour peut-être coucher de nouveau avec elles –, le désespoir traverse mon corps. Courbé sur mon ordinateur tel un gnome alimenté par les rayons de la lumière blafarde des néons du bureau, je dois me rendre à l'évidence : Marco est cool. Certes, Marc n'est qu'un simple salarié de trente-deux ans qui se regarde tristement dans la glace le matin avant de se brosser les dents. Il n'est pas non plus d'une beauté inimaginable. Ses blagues tournent souvent autour de deux thèmes : la littérature et le sexe. Pourtant, je dois bien reconnaître que les gens l'aiment bien et trouvent son côté « musicos-délabré-libertaire » plutôt charmant. Je crois même que certains voient en lui un genre de Pete Doherty de province. Vous savez, ce mec qui, au lycée, venait avec un chapeau et sa guitare pour offrir une alternative aux skateurs et aux têtes d'ampoules. Il est vrai qu'il joue dans un groupe de musique expérimentale et habite dans un petit appartement lugubre dans un quartier faussement populaire. Les filles rigolent souvent à ses histoires incroyables et certains louent sa joie de vivre. Marco enchaîne les concerts, les lignes de cocaïne et les relations éphémères sans lendemain et sans capote. Il ne se prend pas la tête, il vit. Il est à la fois ce que j'ai toujours détesté le plus au monde et ce que j'ai toujours voulu être. C'est terrible.

Une fois cette constatation faite, j'avais deux options : la mort ou la lâcheté. La première étant un peu trop radicale, j'ai penché assez vite pour la seconde. En tant que non-ambitieux chronique, il est évident que ce combat n'était pas le mien, et surtout qu'il ne m'intéressait pas. Je me disais, encore une fois, que ce serait en m'excluant d'office que je pourrais devenir une personne respectable. Quand quelqu'un de plus cool que vous monopolise votre espace vital, la réaction la plus logique est la fuite. C'était comme s'il m'était impossible de vivre en sa présence. Il agissait comme un trou noir qui absorbait et annihilait chez moi toute envie de vivre et de jouissance. Je finissais même par me dire qu'il puisait en moi l'énergie nécessaire à sa propre survie tel un triangle des Bermudes et que je vieillissais plus vite en sa présence. Cette idée m'était insupportable. C'est ainsi que j'ai d'abord agi avec le minimum de courage et de maturité possible. Chaque fois qu'il se trouve dans la même zone que moi, je passe mon chemin. Je préfère abdiquer immédiatement plutôt que me battre sur le terrain de la coolitude. Bon, c'est aussi parce qu'il apparaît clairement que le combat est perdu d'avance pour moi. C'est donc avec une certaine intelligence de non-ambitieux que je préfère battre en retrait. Peu à peu, je devenais ce type bizarre qui regarde tout le monde de loin et se braque dès lors que le prénom « Marco » sortait de la bouche de quelqu'un. La jalousie s'emparait de moi lorsque des gens lui proposent de déjeuner, et l'envie d'une tuerie de masse lorsqu'une fille rigole à ses blagues venait presque à poindre. De mon côté, je ne peux pas vraiment attirer les foules en racontant que j'ai passé la nuit à jouer avec mon chat à l'aide d'une ficelle. Mon patron fut sans le savoir très satisfait de cela puisque dès qu'un attroupement se formait autour de lui, je mettais mes écouteurs et travaillais nerveusement. J'étais comme cet adolescent qui fait mine de dormir en cours pour que la plus belle fille de la classe le remarque. J'ai honte d'écrire ces lignes. Malgré une terrible envie de le voir souffrir le martyre, je ne peux occulter une autre réalité : je ne suis pas cool.

Je ne suis pas cool

Quand quelqu'un a envie de s'amuser et d'oublier le caractère affligeant de sa vie, ce n'est pas vers moi qu'il se tourne. Je déteste m'asseoir dans l'herbe, les karaokés ne me font pas vraiment rire et j'ai tendance à soupirer dès lors que je dois déjeuner avec plus de trois personnes. Je suis ce qu'on appelle un « mec plutôt chiant ». La vie est pour moi une suite infinie de contraintes pénibles qu'il faut accepter jusqu'à ce qu'un cancer de l'anus m'emporte définitivement dans la tombe. Ainsi, je suis celui qui voit le côté négatif des choses avant tout le reste. Pour vous donner un exemple concret, vivre me fatigue quasiment tout le temps. Le poids que représente cette existence obligatoire est parfois plus écrasant que l'hypothétique joie provoquée par une grande tablée entre amis où, de toute façon, je vais encore devoir finir seul en bout de table, face à l'unique personne de l'assistance que je ne connais pas. Si cette phrase confirme bien mon caractère soporifique, ce qui se passe dans mon esprit l'est tout autant. Par défaut, je ne refuse pas une activité dans la journée, mais j'ai besoin d'analyser les contraintes auxquelles je vais sans doute devoir faire face lors de cette activité – et ainsi être en mesure de les accepter. Ma non-ambition exclut bien sûr tout raisonnement épicurien de type : « Oh, on s'en fout, on verra ! » – le point d'exclamation étant très important. Cette réflexion m'est étrangère et je ne conçois pas de me « laisser porter par la vie ». Comprenez bien que pour chaque chose que l'on me propose, je procède comme suit : j'essaie d'abord de situer les contraintes que je vais subir. Par exemple, déjeuner dans l'herbe impose souvent de déguster un repas froid et misérable sur un terrain abrupt. Cela sous-entend également une forme de convivialité extrême puisque mes amis et moi allons devoir former un cercle amical par terre et nous regarder mutuellement avec de larges sourires. Une fois cette constatation faite, j'évalue froidement le gain marginal que pourrait me procurer ce déjeuner. Ici, prendre l'air et manger à l'extérieur au lieu d'échouer dans une cafétéria illuminée de néons de rames de métro pourrait être considéré comme positif. En réalité, je calcule le ratio bonheur/contraintes, j'évalue à quel point les contraintes sont supérieures aux bienfaits présumés de l'activité ou, au contraire, si les effets positifs escomptés sont supérieurs aux désagréments induits par l'activité soupesée. Dans la quasi-totalité des cas, la réponse est « non ». En fait, j'admets que certaines contraintes me soient insurmontables et je ne tente même pas de les combattre sous prétexte qu'un bonheur absolu m'attend derrière. Je préfère simplement m'y soustraire.

Cela confirme mon caractère profondément emmerdant, mais une troisième donnée peut souvent tout foutre en l'air en deux secondes : la pression sociale du groupe. Elle prend forme entre le moment où un ami me dit : « Ça te dit d'aller manger dans l'herbe avec les autres ? », et le : « Alors, tu fais quoi ? » qu'il m'assène quelques instants plus tard. C'est alors qu'il arrive que le regard de mes amis me fasse parfois hésiter. Ces derniers estiment souvent – et à juste titre – que « je suis chiant », et ils me le répètent sans cesse jusqu'à créer une sorte de crise de conscience en moi. C'est comme s'ils arrivaient à souiller mon âme. J'essaie donc toujours de trouver un équilibre entre « respecter mes principes » et « ne pas trop jouer au con pour finir seul et sans amis en train de dîner au Flunch du coin ». Cela donne lieu à des moments peu agréables où je me retrouve dans une situation que je ne souhaitais pas à la base, mais dont j'ai accepté le caractère pénible pour conserver ma vie sociale – que j'exècre pourtant également. Mais, comme le disait Jésus de Nazareth : « Aimez-vous les uns les autres. » En essayant de me convaincre qu'il avait raison, « je fais un effort ». Une fois enfermé dans cette position d'infortune, j'analyse la réaction de mes partenaires qui exposent leur bonheur le plus souvent possible. Pour ne pas plomber l'ambiance et aussi dans l'espoir de devenir comme eux, je mime leur bonheur avec le plus de sérieux possible. Cela se traduit par des éclats de rire un peu plus prononcés, une exaltation inhabituelle quand de légers rayons de soleil frappent mon visage froid. Je ne cache pas alors ma hâte de déguster cette salade sous plastique qui « a l'air vraiment très cool ». Bien sûr, au bout du compte, le stratagème trouve assez vite ses limites. Je finis toujours par critiquer quelque chose ou quelqu'un. Pire, il m'arrive même de vouloir retourner travailler afin de couper court à la situation. Bilan : je suis mal assis dans l'herbe et je n'ai rien à dire à qui que ce soit.

Si je devais être bloqué sur le radeau de la *Méduse* avec un autre groupe d'humains tous aussi incapables que moi – par exemple, ceux qui m'encerclent lors de ce déjeuner dans l'herbe interminable –, il y a fort à parier que je serais en pole position pour me faire dévorer et ainsi leur permettre de survivre. L'autre solution serait qu'on me jette à la flotte pour servir d'appât. Je peux comprendre qu'en situation d'urgence absolue, mon cynisme et ma mélancolie n'intéressent personne. Faire la gueule n'est ni conseillé dans les guides de survie ni une façon de redonner de l'espoir aux gens. Au contraire, ma non-ambition aurait tendance à faire de moi le coupable idéal, celui sur qui on peut se défouler dans une situation extrême. Imaginez quelqu'un (moi) dire : « Écoutez, attendons de voir ce qui va se passer, ce sera plus simple » alors que vous êtes au milieu de l'océan sans eau ni nourriture et que le soleil commence à vous rendre fou. Il y a de grandes chances que je termine attaché au mât à me faire torturer. En même temps, si je devais me retrouver dans une telle situation, je serais le premier à vouloir me débarrasser de celui ou celle que je n'aime pas – un type comme Marc, par exemple. Non pas parce que cela améliorerait la situation d'une quelconque façon, mais que si l'occasion se présente, je la saisirais. Je comprendrais donc que mes partenaires de fortune se jettent sur moi. Les mecs cool ont au moins le mérite d'avoir ce caractère rassurant et positif. Ils voient le bon côté des choses, ce sont eux les héros de nos séries TV. Quand tout le monde se pense condamné, eux sont encore là à réfléchir. Au contraire de ce bon vieux Marco, je ne suis pas quelqu'un de positif. Il est vrai que je n'arrive pas le matin au boulot avec le sourire et une blague pour chaque collègue que je croise. Mon visage reste le plus souvent figé telle une pierre, comme si le poids des années m'avait réduit à cela. Je regarde mes pieds la plupart du temps pour éviter toute interaction sociale qui commencerait par « Ça va ? » et se terminerait par « Ça va. » Si jamais celle-ci doit se produire sans que je puisse y échapper, il faut savoir que je ne pose jamais ma main sur l'épaule de la personne à qui je fais la bise. Le contact physique est un truc de personne enjouée ; la distance est quant à elle un système de défense efficace face à ceux que je méprise secrètement.

Cette « positive attitude » qui caractérise les jeunes Français – et qui me donne envie de vomir chaque matin – est aussi liée à un autre truc : la curiosité. Il est vrai que, pour ma part, j'en suis complètement dénué, et je me désintéresse donc de la plupart des choses qui m'entourent. Que l'on me propose de découvrir ce nouveau restaurant malgache du Xe arrondissement ou cette exposition d'art contemporain dans laquelle un artiste dénonce le capitalisme en restant assis sur une chaise de faux billets ne provoque chez moi aucune réaction. Je ne considère pas la culture comme inutile, bien au contraire, mais je n'estime pas pour autant qu'il faudrait lui attribuer des pouvoirs magiques ou considérer *a priori* ce qui présente un vernis culturel comme bénéfique par définition. Mon existence sera-t-elle un fiasco si je venais à manquer la dernière exposition Basquiat ? Sans doute que non. Je ne cherche pas à remplir tous les pans de mon existence par quelque chose d'exotique qui me ferait *a priori* grandir intellectuellement. Ne pas être positif, c'est refuser de toujours rentabiliser mon temps, comme si la vie était un truc à amortir au même titre que mon livret A. J'accepte le néant universel d'un dimanche soir et je prends un certain plaisir à rester chez moi pour ne rien faire. La pluie est un motif légitime pour refuser de sortir de chez moi, et la phrase : « Allez, tu ne vas pas rentrer maintenant quand même ? La soirée ne fait que de commencer ! » me donne précisément envie de rentrer chez moi et de regarder le plafond jusqu'à m'endormir. Je ne suis donc pas de ceux qui rentrent à six heures du mat'. Quand je bois, je ne deviens pas non plus celui qui danse sur les tables et chante du Michel Sardou à tue-tête comme si le sort de la COP25 en dépendait. Non, je me transforme plutôt en voiture sans permis dont on a retiré le frein à main et qui dévale une pente lentement en se cognant dans tous les murs. Moi, je suis le cours d'eau qui longe le caniveau à vitesse constante sans jamais s'arrêter, alors que Marco est plutôt le golden retriever de mariage, le capitaine de soirée. Mon quotidien est rythmé par les contraintes de la vie, là où être cool, c'est oublier les contraintes. Alors que nous parlons chaleureusement de notre soirée du Nouvel An, assis dans l'herbe comme des étudiants en musicologie, je regarde dans le vide et pense inlassablement à la prochaine corvée de ma journée : je dois faire une machine ce soir.

Certaines choses sont sacrées. C'est le cas du concept de « rentrer le soir pour faire des machines ». Oui, il m'arrive de ne pas sortir le soir, car « je dois faire des machines ». Me soustraire au bonheur pour m'imposer de rentrer chez moi laver des caleçons sales, puis les étendre sur un tancarville instable est une gifle que la vie m'inflige chaque semaine pour me rappeler que la réalité n'est pas que plaisir et sandwich Monoprix. Les machines à faire sont une épée de Damoclès au-dessus de ma tête, si bien qu'elles rythment ma semaine, mes sorties et plus généralement mon humeur générale. Tel un marathonien, je dois tenir un rythme bien précis de machines à lancer. Un seul écart peut littéralement foutre en l'air toute une semaine. Oublier ce dur labeur, c'est s'exposer à des conséquences en chaîne : plus de fringues à porter donc une baisse de l'estime de soi, une augmentation du volume de linge sale dans la salle de bains et donc une baisse de l'estime de soi et enfin l'impossibilité d'inviter qui que ce soit parce que mon appartement est visuellement affreux – et donc une baisse de l'estime de soi. La triple peine. Bien sûr, je pourrais légitimement m'en foutre royalement, car au même titre que déféquer et acheter des préservatifs grande taille (alors que bon, hein), tout le monde doit laver ses fringues. À l'inverse de ma lamentable situation, j'ai toujours eu l'impression que les mecs cool n'avaient pas de problème. Pour moi, ils sont comme des cyborgs qui ne pètent pas la nuit sans s'en rendre compte et ne doivent jamais rentrer chez eux plus tôt pour étendre une machine car ils synthétisent leurs fringues le matin au réveil lorsqu'un serveur les connecte. Les mecs cool ne parlent pas de leurs contraintes. S'il m'est arrivé de provoquer une large incompréhension après avoir signifié à mes amis que : « Désolé, j'ai des fringues à laver chez moi, je ne peux pas sortir », c'est bien parce que je ne suis pas cool.

Vous avez déjà remarqué que deux comportements similaires provoquent deux réactions différentes s'il s'agit d'un mec cool ou bien d'un gars lambda ? Quand je regarde Marco et qu'ensuite je me regarde dans la glace des toilettes du bureau, je ne peux nier l'évidence : plusieurs mondes nous séparent. Déjà, je suis visuellement normal. J'ai un style vestimentaire plutôt classique, voire intermédiaire, que l'on peut situer entre « skateur » et « mec qui bosse dans un milieu intellectuel, mais on ne sait pas trop lequel ». Je ne suis ni extravagant ni habillé uniquement de blanc et de noir comme tous les directeurs créatifs. Je ne prends aucun risque, mais je ne suis pas assez ringard pour qu'on me remarque. Plus gênant encore, je porte très mal les casquettes, ce qui me place déjà loin dans la hiérarchie. Mon intérieur est lui aussi à l'image de ma non-ambition. Mon frigo n'est pas recouvert de stickers californiens, je n'ai aucune affiche de concert aux murs. Je ne suis clairement pas au goût du jour en ce qui concerne le rap français underground. Je n'ai ni scooter ni drogue et je ne me souviens pas de la dernière fois où j'ai couché avec quelqu'un sans vraiment le vouloir.

En fait, je dois faire face à la triste réalité que les gens se tournent vers moi quand ils ne vont vraiment pas bien. Sans doute parce qu'ils pensent que je ne vais pas bien moi non plus. Si je ne leur suis d'aucune utilité lorsqu'ils nagent dans le bonheur, c'est quand ils font face aux dures réalités de la vie qu'ils me sollicitent. Tel un alcoolique qui croiserait un autre alcoolique, ils estiment que je pourrais leur apporter quelques conseils sur le malheur et la tristesse. Ils voient en moi un être nul, bossu et râleur qui joue de l'orgue les soirs d'orage dans son donjon. Ils se tournent vers moi pour comprendre comment s'éloigner de cet état – de la même manière que lors des stages de récupération de points du permis, on vous montre des photos d'accidents mortels pour vous faire prendre conscience de ce qu'il ne faut pas faire. *Je suis l'accident mortel en question.* Ils viennent me voir pour comprendre comment ne pas être moi, en somme. Si je suis légèrement déçu de cela, je dois me rendre à l'évidence et accepter que je suis aux antipodes du mec cool, celui qui boit des shooters de Get 27 un mardi soir, par exemple. Ça me va. Ma non-ambition me relègue donc parfois au rang de mec à part, à un personnage solitaire à l'écoute. Alors qu'un mec cool ne pense qu'à lui et à l'image qu'il renvoie.

Bien sûr, cet écart entre Marc et moi vient du simple fait que je ne me préoccupe pas d'être cool – oui, je sais, c'est contradictoire avec le fait que je hais Marco pour son caractère cool, mais l'un n'empêche pas l'autre. Je déteste les barmen et pourtant je ne cherche pas à leur ressembler. De fait, je n'ai donc jamais cherché à devenir ce personnage. Est-ce réellement un choix ou bien ma non-ambition agit-elle comme un bouclier ? Il est vrai qu'être cool est aux antipodes de l'anti-ambition. Alors que je subis ma vie avec le sourire sans chercher à en contrôler le moindre aspect, l'homme cool souhaite toujours prendre les devants et s'attirer les faveurs des autres. Moi, je suis heureux de rentrer chez moi faire une lessive.

Le jour où j'ai essayé d'être cool

Je n'ai jamais su si être cool était une chose innée chez certains êtres humains, ou s'il s'agissait d'une compétence que l'on peut acquérir, par exemple, à la suite d'une formation financée par Pôle emploi. Ce qui en revanche ne fait aucun doute, c'est que le simple fait de me poser cette question confirme que je ne le suis évidemment pas. C'est cruel, car si mes études m'ont appris des choses passionnantes comme la législation des marchés financiers, le fonctionnement système carcéral américain ou la philosophie politique du XIXe siècle, personne ne m'a jamais expliqué comment être cool. J'en ai pourtant davantage besoin que tous les sujets que je viens d'énumérer. Ayant conscience que je n'ai de toute façon jamais eu les armes à ma disposition pour me battre sur le terrain des blagues en réunion, j'ai dès le départ accepté ce funeste destin. J'ai choisi un autre chemin, celui du confort de n'être attendu au tournant par personne, celui de ceux qui n'aiment pas les soirées déguisées ou tout autre lieu où quelqu'un décide du bonheur pour tous les autres. Qu'est-ce que j'aurais bien pu faire d'autre ? Bien sûr, je sais ce que me coûte ce choix quotidiennement : je passe la totalité de mon existence dans l'ombre de personnages tels que Marco, arpentant la vie mollement et espérant qu'un événement se déclenche par magie. Pour l'instant, ce fut très régulièrement le cas. Sûr de moi comme un pervers narcissique de quarante-cinq ans qui vient de divorcer pour rejoindre sa maîtresse de vingt-deux ans, j'étais persuadé que jamais je ne voudrais être l'un d'eux. Mais lorsque vos choix vous propulsent chaque semaine sur l'autoroute de la contre-performance – comme lorsque je disais me foutre de n'avoir que de mauvaises notes au lycée –, il vient forcément un moment de doute. Allongé sur mon lit ou porté par la mélancolie d'une rame de métro bondée, les questions me submergent. Si je semble être satisfait de n'être ni barman ni DJ et que je me contente d'une vie simple dont l'objectif principal serait de ne pas mourir seul, je ne peux écarter l'idée que personne ne se souviendra de moi à ma mort.

Est-ce la goutte d'eau de trop ? Ne suis-je pas noyé dans un cliché, cherchant à être cool tout en refusant de l'être ? Sans doute, inconsciemment. Je reste un être humain occidental, et de fait je participe à une société dans laquelle il faut être le meilleur, le plus drôle et le plus adroit sexuellement. Même si je refuse cela le plus souvent possible, il peut m'arriver de craquer. Ainsi, si la plupart des Français s'octroient parfois une journée seuls à ne rien faire « parce que ça fait du bien », je pratique quant à moi l'inverse. Passant déjà le plus clair de mon temps à ne rien faire, assis dans un fauteuil, il se peut que je m'octroie une sortie traditionnelle pour avoir une vie normale. À force de croiser des clones de Marco chaque jour – et surtout le bonheur qu'ils semblent tous disperser autour d'eux à chacun de leurs soulèvements d'aisselles –, il m'arrive de me dire : « Et si j'essayais ? » Moi aussi je pourrais être quelqu'un d'accueillant, qui sort sur des péniches et mixe le mardi soir dans « le bar d'un pote ». (Écrire me donne quand même envie de me buriner le visage.) Comme une personne (moi) a soudain peur d'être une grosse merde, il entre dans une phase d'auto-persuasion : tout n'est pas si nul. En faisant le bilan de ma vie actuelle (en quelques minutes), je ne suis tout compte fait pas si loin de devenir l'un d'entre eux.

J'habite dans le Xe arrondissement, un quartier central de Paris où la population est jeune, riche et vote majoritairement à gauche parce qu'il faut quand même lutter contre les inégalités pour se faire accepter par ceux qui les subissent. Ses habitants aiment discuter avec les commerçants locaux le matin et l'ambiance village est clairement recherchée par les nouveaux arrivants. Ayant fait ce choix, je suis moi-même dans un quartier à la réputation « cool », avec de nombreux bars branchés où se retrouvent des jeunes femmes à chapeaux et des hommes maigres tatoués. Chez moi, je me rends compte froidement que j'ai quelques traits de mec cool. Côté décoration, ma vieille planche de skate est négligemment mise en évidence dans mon salon afin que n'importe quel nouvel entrant soit en mesure de l'apercevoir – mais je prie secrètement chaque soirée pour que personne ne me demande de l'utiliser. J'ai un paquet de livres d'art en anglais sur une étagère parfaitement visible et qui proviennent majoritairement d'envois hasardeux de maisons d'édition sur mon lieu de travail. La plupart n'ont donc jamais été ouverts. L'écran de mon iPhone est fissuré, ce qui pourrait me permettre de dire des choses comme : « Oh, tu sais, tant qu'il fonctionne, je m'en fous. Je ne suis pas vraiment matérialiste » – ce qui est bien sûr entièrement faux. J'ai également un compte Twitter certifié et il m'arrive de tenter des coups artistiques sur mon compte Instagram en photographiant une poubelle brûlée ou une façade d'immeuble atypique en y ajoutant un filtre. Tout cela me donne le tournis.

En écrivant ces lignes, je me demande si je ne suis pas en définitive un pauvre type. Suis-je un mec cool en sommeil ? Il y a peu de chances, ne serait-ce que parce que je n'aime pas dîner après vingt heures. Mais cette idée me terrorise et m'excite en même temps. Si je hais la quasi-totalité des gens cool car ils sont comme un virus qui cherche à transformer l'humanité entière en une troupe de théâtre, je dois réfléchir de manière scientifique. Comment puis-je être certain que ce sont eux qui sont dans l'erreur sans jamais avoir été à leur place ? Pour en avoir le cœur net, il fallait que je devienne un nouveau genre d'anthropologue. Claude Lévi-Strauss remarqua un jour que l'humanité avait vécu 99 % de son histoire dans une situation divisée où chaque partie ignorait les modes de vie, les croyances et les institutions des autres. Selon lui, c'était à l'anthropologie qu'incombait le rôle de poser un regard compréhensif sur ces différences. C'est ce que j'allais faire non pas en me rendant en Asie, mais déjà en sortant de chez moi et en essayant de devenir comme eux. S'il n'existe aucune formation accélérée pour devenir cool, j'allais utiliser le remède le plus commun pour y arriver : l'alcool.

Emporté dans l'euphorie d'une telle aventure, je suis évidemment allé trop loin et la vie m'a sauvagement stoppé. C'était au départ un soir comme un autre. Alors que je dînais seul devant l'épisode d'une série, je suis allé aux toilettes. Une fois confortablement assis, les coudes sur mes genoux, j'ai scrollé mon téléphone en attendant que mon corps daigne s'activer. Sans aucune notification, je naviguais sur Twitter et Instagram en espérant y trouver une quelconque forme de surprise. Mais comme dans la vie réelle, rien n'arriva. Ou presque. Un ami de longue date m'envoya un message (sans doute envoyé à tout un tas d'autres personnes) afin de savoir si j'étais disposé à sortir. L'un de nos amis venait d'ouvrir un bar – ce qui d'ailleurs faisait de moi quelqu'un de légèrement cool. Cette hypothèse de sortir dans un bar tenu par un pote impliquait deux choses très importantes pour la suite : nous allions boire gratuitement une bonne partie de la soirée et serions d'office ces mecs qui connaissent les barmen et restent accoudés au bar toute la soirée à rire très fort avec ces derniers alors que tout le monde attend de commander. J'étais déjà ravi avant même d'y être. Je sentais une certaine énergie s'emparer de moi, comme si quelque chose de sublime pouvait se produire ce soir. Habituellement, sortir dans un bar est une contrainte. Il fait froid, il n'y a pas de place et tout y est trop cher. Pour couronner le tout, des mecs cool prennent tout l'oxygène disponible et me relèguent au rang de *creepy* qui boit son whisky-coca au fond de la salle en regardant tout le monde. Ce soir-là, je deviendrais Marc.

Entrer dans un bar et lancer un violent *check* au barman est le truc le plus insupportable qui existe sur Terre. C'est aussi vexant et destructeur que lorsque vous rencontrez des potes de potes, qu'ils se font tous la bise avec un grand sourire, et que, lorsque vient votre tour, leur sourire laisse place à l'inquiétude. Ils tendent alors leur main molle et moite pour vous saluer. Pourtant, c'est exactement ce que j'ai fait. J'avais changé de camp, et l'euphorie m'emportait. L'espace d'un instant, je me suis senti au-dessus de tout. Je l'étais, fondamentalement. Tout en terminant mon énième rire gras trop prononcé, je me fis la réflexion que l'excitation qui se dégageait de ma proximité avec le barman (mon ami) est très étrange. Dans un monde plutôt normal où un vrai métier est être architecte ou professeur de mathématiques, personne ne souhaite être barman. C'est un métier mal payé, épuisant pour le corps et qui ne débouche sur rien, si ce n'est l'alcoolisme et la précarité. Pourtant, chacun d'entre nous souhaite vouloir être leur pote. Sans doute le propre du fantasme, et aussi le fait qu'ils peuvent offrir un nombre incalculable de tournées. Bref, nous avons rapidement commencé à boire du vin et mangé des planches de charcuterie, le tout gratuitement et en parlant relativement fort afin de montrer à toutes les personnes présentes que nous étions des mecs cool qui profitent de la vie. À cet instant, tout était possible dans la mienne – un peu comme lorsque toutes mes fringues sont propres. J'apercevais ce qu'être cool signifiait, la sensation de plaisir que cela procure. J'avais confiance en moi et mon humour commençait à changer. Alors qu'on me range naturellement dans la catégorie « humour cynique », j'étais enjoué et prêt à évoquer des projets sur le long terme – quand bien même ces derniers sont complètement débiles. À force de verres de vin rouge dans un bar où résonnait en fond une musique pop d'ambiance, je m'imaginais déjà tout plaquer pour partir avec mon sac à dos et devenir barman à Barcelone le temps d'un été. Cela me paraissait être un plan acceptable et constructif. Les verres défilaient et rien ne pouvait m'arriver. J'étais enfin quelqu'un de cool. Lorsque, par la suite, une amie m'a proposé de danser, je n'y ai vu aucune objection – alors qu'en temps normal, le simple fait d'utiliser le verbe « danser » suffit à augmenter mon rythme cardiaque de manière significative puis à me noyer dans l'angoisse la plus dantesque. Mon corps, qui habituellement réagit à la musique de la même manière qu'une bâche bleue mal attachée se fait porter par le vent, se voyait cette fois pris de mouvements coordonnés et cohérents. Je n'allais pas non plus retirer mon tee-shirt sans raison comme un con, mais mon corps n'était plus cette chose informe et inutile que je devais traîner chaque jour. L'apothéose du cool fut lorsque mon ami barman nous a offert – de manière très ostentatoire, bien sûr – une tournée de *shots* de Get 27. Résistant assez mal à l'alcool mais refusant d'être celui qui a peur, je ne pouvais plus reculer. J'ai moi aussi crié : « Santé ! » avec un sourire crispé, ne sachant pas quel tournant prendrait ma vie à la suite de cette unique gorgée. Mais j'étais devenu cool, que pouvait-il bien m'arriver ?

Un clignement de paupière plus tard, j'étais nu, allongé sur le carrelage froid de ce qui semblait être une salle de bains minuscule. Une vague odeur de pisse de chat et d'alcool tiède inondait l'espace confiné. Il y avait fort à parier que je me trouvais chez moi. Je ne pouvais pas vraiment bouger, j'étais comme paralysé. Seuls mes yeux arrivaient à faire l'effort de tourner sur eux-mêmes pour tenter d'analyser la situation autour de moi. J'étais à la fois soulagé, car je ne ressentais rien, mais également désorienté car mon dernier souvenir était que je me trouvais dans un bar à faire la fête. « Suis-je mort ? » pensai-je bêtement. Cette hypothèse perdit rapidement tout son sens lorsqu'une main épaisse, de la taille d'un gros livre, me frappa le visage. « Ça va, M'sieur ? » entendis-je. En puisant dans mes réserves pour rouvrir les yeux, j'aperçus une botte style rangers juste devant moi. Elle était si imposante que j'avais l'impression qu'un dinosaure tentait de m'écraser. Essayant tant bien que mal d'oublier le fait qu'elle était sale et que j'allais devoir nettoyer le sol par la suite, je compris qu'il ne s'agissait ni de moi ni d'un ami et encore moins d'un diplodocus. Subitement, une tête ronde et rasée me regarda de près tout en me pinçant violemment le doigt. J'eus très peur. « Il ne sent rien votre ami », dit l'homme à quelqu'un d'autre. Je sentais tout et la douleur fut terrible : malheureusement mon corps refusait de parler. Après une ultime salve de gifles, je vomis sur le sol tel un chaton malade et repris mes esprits – si faire un mouvement de tête peut être considéré comme tel. J'étais bel et bien chez moi et six pompiers se trouvaient dans mon salon, me fixant. Si me retrouver nu, assis par terre devant des pompiers qui ont des physiques de Chippendales suffisait déjà à me faire envisager une défenestration spontanée, un autre point allait me dévaster. Assise sur le canapé, derrière les pompiers, Julia, ma petite copine depuis plusieurs années, me regardait. Elle semblait à la fois rassurée de me voir en vie, mais aussi gênée de me voir dans cet état. « Je n'arrivais pas à te réveiller... », dit-elle, pour justifier la présence de six hommes chez nous. Alors que les pompiers m'aidaient péniblement à me relever, je sentis mes couilles se décoller du sol froid comme de la pâte à modeler et mon sexe se balancer de gauche à droite tel un fil d'écouteurs. Je remarquais que je portais encore un préservatif vide et fripé. Dans un misérable baroud d'honneur, j'eus la force de le retirer à l'aide de mes deux doigts encore fonctionnels. Dans un silence de cathédrale, le léger claquement jeta comme un vent de honte qui me gifla le visage et réduit ma dignité à l'état de poussière. J'eus la force de prier pour demander à Dieu de frapper la Terre d'un astéroïde sur-le-champ. Rien ne se produisit, seul le regard de Julia me fit l'effet d'un tournevis dans le cœur.

Julia était magnifique, elle l'a toujours été. Nous avions emménagé ensemble il y a deux ans après cinq ans de relation. Nous nous étions rencontrés dans une soirée plutôt nulle d'un ami en commun. Je n'ai jamais compris pourquoi nous nous étions mis ensemble. Il y a des personnes avec qui la question ne se pose pas. Julia faisait partie de ces personnes. Mais lorsque vous pratiquez la non-ambition comme moi, cela peut créer quelques déceptions. Mes souvenirs étaient vagues, mais dans l'excitation d'être vaguement devenu un mec cool pendant quelques heures, je lui avais proposé de faire l'amour en rentrant, en précisant quelque chose d'affreux, tel que : « Je suis en forme, tu ne vas pas le regretter. » Le message était aussi grossier que fallacieux. Alors qu'un monde de plaisir et de confiance s'ouvrait à moi, le Get 27 allié à mon incompétence généralisée est venu tout gâcher. Selon ses dires, tout allait bien jusqu'au moment où j'ai voulu changer de position. Mon estomac n'aurait pas encaissé le mouvement à 180 degrés dans lequel je m'étais lancé. C'est alors que je me serais précipité aux toilettes pour vomir, nu, avec le préservatif encore en place. Après plusieurs longues minutes de silence, Julia est venue me voir. « Tu étais en position fœtale sur le sol des toilettes, je crois que tu t'étais vomi dessus », me dit-elle face aux pompiers qui terminaient de remplir les dernières formalités administratives. J'eus la force de prononcer un mot : « Désolé. » J'avais connu le sommet de la gloire et la chute dans la même soirée.

Julia me tendit un peignoir pour stopper la gêne et la vision d'un corps meurtri par les lignes du carrelage. Elle finit par détourner le regard, comme perdue face à un homme qu'elle imaginait sans doute plus mature et responsable. Un homme qu'elle avait perdu. À cet instant, l'un des pompiers, le plus jeune, me lança un regard plein de soutien et de peine. Il savait. Elle quitta la pièce pour la chambre. Quant à moi, je partis me coucher sur le canapé en espérant que tout ça soit un mauvais rêve. J'étais passé du statut de mec cool et branché à celui de réfugié, dont le corps semble être passé dans une benne à ordures. Après m'avoir vu dans cet état, il apparaissait clair que Julia allait raconter cette anecdote à toutes ses copines dès le lendemain. Je compris alors qu'en plus de ne pas être cool au départ, tenter de le devenir était une mission bien trop ambitieuse pour que je décide de la mener. Ma non-ambition aurait dû me prévenir de l'échec qui se profilait, que rien de bon ne peut arriver dans la vie lorsqu'on cherche à trop réussir. Alors que l'échec avait toujours su me récompenser, j'avais décidé de chercher la réussite. À vouloir provoquer les choses trop violemment, la vie m'a envoyé un message assez clair : je suis une merde. J'avais voulu mettre ma non-ambition de côté pour une fois, et le résultat était désastreux. J'étais assis, seul au milieu de mon salon, avec seulement de la honte et du désespoir. Seuls les pleurs de Julia résonnaient dans l'appartement. Je ne sais pas ce qui la rendait le plus triste. Sans doute était-elle partagée entre la vision d'un homme qu'elle aime cherchant à oublier l'inéluctable vieillissement en buvant indéfiniment dans un bar, mais aussi l'idée qu'elle ne suffisait pas à mon bonheur. Les deux étaient sans doute vraies. Au lieu d'aller la retrouver dans la chambre pour lui dire que je l'aime et que je suis désolé, je suis resté là, assis sur un canapé que je détestais.

Je repensais à Marco. Je voyais son visage flotter au milieu du salon tel un fantôme, comme pour me rappeler que je ne suis pas à la hauteur. Il était là, à rigoler de ma situation honteuse et me faisait de gros doigts d'honneur. Tant qu'il y aura des « Marco », j'aurais toujours quelque chose à écrire. Les personnes détestables comme Marco me nourrissent chaque jour – j'irais même jusqu'à dire que, sans le vouloir, ils donnent un sens à ma vie. Tout ça est un peu à cause de lui. À force de vivre en sa présence, j'ai voulu devenir comme lui, sans réfléchir. Il est peut-être le genre de personne qui me permettra de payer mon appartement encore quelque temps. D'une certaine manière, accepter sa présence et le voir comme un animal que j'observe dans un enclos m'a permis de développer plusieurs thèmes pour ce livre. Et en définitive, refuser d'entrer dans cette compétition a éveillé en moi une certaine créativité – au contraire de cette soirée ridicule. Devrais-je le remercier ? Il était sans doute un peu tôt.

Devenir cool est épuisant et requiert trop de sacrifices. Comme pour un concours administratif, il est important de se demander si on en a vraiment besoin. C'est pour cela que j'ai arrêté d'essayer et préféré me glisser de nouveau sous la couette de la non-ambition. Je n'ai donc jamais cherché à devenir l'un des leurs. Toujours lancé sur l'autoroute de la maturité et du courage, je me disais qu'il fallait que je joue sur un autre tableau. Il apparaissait évident que pour me sortir de cet enfer, je n'avais qu'une solution : arrêter d'essayer être cool. Du moins au sens où les magazines féminins l'entendent. Cela implique trop de sacrifices pour des résultats souvent médiocres. Déjà, il faut partir du principe que toute rencontre est bonne à prendre, ce qui me semble être une hypothèse absurde. Ensuite, il faut sans cesse s'activer pour que la personne en face vous trouve à son goût, ce qui implique d'avoir en poche une multitude de personnalités mobilisables suivant les besoins. En tant que non-ambitieux, j'allais plutôt attendre que les choses viennent à moi d'elles-mêmes. Au lieu de faire des blagues sur mon état lamentable dans une soirée et me faire tatouer pendant cette même soirée, j'allais devenir ce collégien qui fait semblant de dormir en classe pour qu'on le remarque.

« La vie, ce n'est pas ça, Paul »

Quand Julia m'a quitté pour Ludovic – consultant en recrutement pratiquant le tennis le dimanche et la masturbation sous la douche le reste de la semaine –, sa dernière phrase à mon égard fut : « Paul, grandis, s'il te plaît. » Nous étions alors mal assis à une terrasse de café déserte de la place de la République. Il n'y avait rien sur la table car elle n'avait rien commandé, la serveuse ayant vite compris que nous n'allions pas rester longtemps. Je l'apprenais par la même occasion. Nous n'étions pas là pour passer un moment agréable, du moins c'est ce que le choix du lieu laissait apparaître. Elle avait choisi spécifiquement cette brasserie pour deux raisons. La première est que ce lieu est particulièrement fade et mortuaire, le genre que l'on trouve dans les centres commerciaux. Tout y est excessivement cher, les serveurs disposent de porte-pièces à leur ceinture (je ne sais pas comment appeler ça, mais vous voyez très bien) et la musique diffusée ne semble pas avoir été créée dans le but d'être écoutée. La terrasse est recouverte d'une bâche plastique transparente au sein de laquelle un léger courant d'air frais s'infiltre toujours, comme pour vous rappeler que le bonheur n'existe pas. Il semble qu'un mal profond soit ancré dans ce lieu. La seconde raison, qui découle logiquement de la première, est qu'il n'y avait bien sûr personne à part nous. C'était un point très important pour Julia puisqu'elle pouvait ainsi me dire des choses douloureuses – telles que : « Lui, il me comprend, tu sais » – sans attirer les oreilles égarées des tables voisines et nous mettre mal à l'aise. En fait, il n'y a jamais personne d'installé à ce genre de terrasse. Qui a envie de boire un chocolat chaud à 9 euros en écoutant *Despacito* sur une table bancale au milieu d'une terrasse construite sur la forme d'un open space ? Mais pour annoncer une mauvaise nouvelle, telle que : « Je te quitte pour Ludovic », elles sont redoutables et extrêmement pratiques. Je me demande d'ailleurs si certains cafés ne vivent pas exclusivement des ruptures amoureuses. Ce sont des lieux moches, aussi accueillants qu'une salle d'attente des urgences et rien n'est fait pour vous donner envie de vivre. C'est pour cela que Julia m'a donné rendez-vous ici. Elle voulait que le cadre fasse le boulot à sa place. Comme il n'est jamais facile de dire à quelqu'un que vous ne voulez plus de lui dans votre vie, ce troquet devait me préparer mentalement à la sentence finale et ainsi aider à faire couler. À travers sa décoration faussement industrielle et ses serveurs tous au bord de la psychose, j'entrevoyais ma propre descente aux enfers. Pour elle, ils jouaient le rôle de sa meilleure amie qui lui disait en douce : « Allez, vas-y. Il faut que tu lui dises. » Pendant une vingtaine de minutes, elle m'expliqua que je n'étais plus l'homme qu'elle avait connu (au contraire de Ludovic) et qu'elle avait « l'impression de stagner avec moi, de ne plus avancer dans la vie » – selon ses mots. Je n'étais, semble-t-il, plus en mesure de lui apporter ce qu'elle demandait (au contraire de Ludovic) et surtout : « On n'a plus vingt piges, Paul. » J'évitais de parler pour ne pas qu'elle puisse s'apercevoir que ma voix tremblait. Mon léger sourire nerveux trahissait une angoisse terrible, comme si elle venait de couper la corde qui nous maintenait tous les deux au-dessus d'une crevasse que j'avais moi-même creusée.

Après son ultime avertissement quant à mon hypothétique immaturité, le néant s'empara de moi. Si Julia avait l'air sûre du fait que je devais grandir, je me demandais soudainement si elle ne venait pas de fusionner avec Gladys, ma banquière, sous l'effet d'un trou noir supermassif qui aspire la matière pour la modifier. Est-il possible que Julia se transforme en une banquière BNP Paribas, jusqu'à atteindre le stade de l'évolution ultime de la maturité : devenir un contrat d'assurance-vie ? Je fus pris d'un vertige. Que voulait-elle dire par « grandir » ? Je me considérais comme un adulte de vingt-six ans – je l'étais aux yeux de la loi et des statistiques nationales. Je venais de décrocher mon premier CDI, je payais la moitié de notre appartement sans l'aide de mes parents ni de la CAF et je m'étais résolu à me procurer une carte d'abonnement UGC pour pratiquer au moins une sortie culturelle par semaine. Nous vivions dans un deux pièces de taille intermédiaire dont l'un des murs était peint de couleur taupe – ce qui, selon le numéro spécial été 2016 d'*Elle Décoration*, est « le meilleur moyen de donner de la profondeur à une pièce ». Nous avions une table basse en bambou coréen de chez Habitat, un canapé de type norvégien choisi sur un catalogue et assez de couverts et d'assiettes pour recevoir une dizaine de personnes que je n'aime pas. Tout était parfait : le tapis était admirablement bien aligné au canapé, qui lui était aligné aux fenêtres et positionné au centre de la pièce, tout en étant perpendiculaire à notre fauteuil Louis XVI. Notre premier achat commun fut un lave-vaisselle, élément essentiel à la survie d'un couple moderne. Suivirent un appareil à raclette écologique et un pack de bougies parfumées senteur Jardins japonais. Notre semaine était elle aussi bien organisée. Le lundi était ainsi consacré aux séries que nous regardions ensemble, le tout accompagné d'un plateau de sushis commandé pour vingt heures. Le mardi, nous allions au sport – elle, au yoga, et moi, au foot –, et le mercredi était souvent le soir où nous invitions d'autres couples à dîner de cubes de fromage disposés dans un bol ainsi que de bouts de carottes que l'on pouvait tremper dans du houmous. Le reste de la semaine était davantage flexible si nous voulions voir des gens extérieurs à notre groupe commun. Le week-end, il nous arrivait de faire l'amour assez simplement, mais de manière satisfaisante. Je n'avais pas à me plaindre, mais je ne faisais pas vraiment d'effort. Le but était surtout de se rassurer. Tous les trois ou quatre mois, nous partions en week-end avec des amis – souvent dans une maison à la campagne – où nous prenions des photos de nos pieds devant un feu de cheminée. Nous formions un vrai couple.

Pourtant, Julia venait de me lourder car elle me voyait toujours comme un adolescent débile qui n'acceptait pas de grandir et que « la vie, c'est autre chose que des bières et des vacances », disait-elle. Grâce à Pierre Bourdieu, je savais que son capital social et culturel allait frapper à la porte un jour ou l'autre. Pour elle, la vie est une série d'étapes qu'il faut accomplir. Certaines d'entre elles me donnaient la nausée. Il est vrai que me rendre chez ses parents le dimanche me plaisait autant que de passer l'aspirateur et je n'étais pas particulièrement enthousiaste à l'idée de chercher un nouveau couvre-lit le samedi après-midi. D'une certaine façon, j'avais le sentiment de devenir quelque chose de fade, sans envie ni saveur. Si je ressentais une forme de bonheur à l'idée de vivre en sécurité avec elle, je m'endormais chaque soir avec l'impression de me transformer progressivement en chaise à roulettes de bureau. Toute forme de contrainte liée à une quelconque pression sociale ou tradition me donne envie de fuir très loin. Cela ne me paraissait pas antinomique avec l'idée d'avoir une vie de couple stable – quand bien même il m'est arrivé de m'endormir nu sur le carrelage de ma salle de bains, alors que Julia et une équipe de pompiers essayaient de me réveiller.

Cet épisode le montre : je laissais la vie décider pour moi quand il serait temps de grandir et de devenir cet adulte qui porte des pantalons trop grands et qui est excité à l'idée de recevoir un abonnement à *Bateaux Magazine*. Comme pour la mort, chacun fait ce qu'il veut. Il n'y a pas de date. Je n'avais aucune étape en tête, pas de plan déjà prêt comme lors d'un commentaire d'arrêt en droit fiscal. Je n'irai pas jusqu'à vous dire « *carpe diem* » car cela m'obligerait à me tirer une balle dans la tête, mais il est clair que je refuse de m'imposer des barrières sous prétexte que mon corps vieillit. Il m'a fallu deux ans pour comprendre ce qu'elle voulait dire par « grandir » – et admettre que nous vivions en fait dans deux mondes différents. Moi, je n'étais même pas certain du monde dans lequel je vivais. J'étais bloqué entre deux et je n'arrivais pas à m'y faire puisque, encore une fois, personne ne m'a jamais aidé ou appris à grandir.

Dans le monde de Julia, la vie s'arrête à vingt-cinq ans. Avant cet âge butoir qui marque le début du vieillissement des neurones et l'affaissement du cul, il est tout à fait admis que boire des quantités indécentes de muscadet bon marché, baiser avec tout et n'importe quoi ainsi que claquer la porte à la notion d'engagement est normal. C'est même plutôt cool puisque dans toutes les familles de classe supérieure, ce sont les parents qui subventionnent cet épicurisme temporaire. Si le jour où il faudra penser à grandir – et financer sa propre vie – finira bien par arriver, il existe toutefois une multitude de barrières à cela. C'est le cas de 90 % des Français qui se retrouvent de gré ou de force à faire des études supérieures. Les études agissent comme un mur face au reste du monde et de la vie en général. On ne voit pas au-delà du diplôme, qui une fois obtenu amènera la question « Et maintenant ? » Avant, c'est un objectif qu'il faut atteindre sans vraiment réfléchir à son utilité. Si cela peut nous préserver de questions existentielles telles que : « Que vais-je faire de ma vie ? », ou : « Devrais-je porter davantage de chemises parce que j'ai vingt-sept ans ? », il y a un revers de la médaille. Ce système de pensée instaure très tôt la notion d'étape et segmente la vie entre plaisirs de jeunesse irresponsable et vie d'adulte faite de formulaires administratifs. Un peu comme lorsque vous demandez à des enfants insupportables d'arrêter de jouer dans le salon, certains estiment que le temps pour jouer est terminé et qu'il faut maintenant aller faire ses devoirs.

Pour les habitants du monde de Julia, la vie est divisée en plusieurs paliers temporels extrêmement précis et préétablis par quelqu'un ou quelque chose qui, semble-t-il, a décidé pour eux des étapes à suivre pour connaître une vie réussie. Souvent, il s'agit de notre société judéo-chrétienne, qui, en plus de nous pousser à l'autoflagellation permanente, utilise nos parents comme soldats d'élite dans sa croisade pour une reproduction sociale qui jusqu'à présent a augmenté le nombre de divorces de 45 % et celui de suicides de 30 % en vingt ans. Malgré tout, nombreux sont ceux qui croient encore en ce modèle selon lequel il y aurait un temps pour tout. La vingtaine serait un âge d'or dont il faudrait profiter à tout prix (boire, baiser et prendre des décisions stupides, comme s'inscrire à des cours de théâtre) avant de sombrer définitivement dans un autre stade de la vie : celui des adultes. Ce dernier serait fait de journées passées dans les transports en commun en compagnie de cadres sup' pervers narcissiques lancés à toute vitesse sur l'autoroute du cancer de la prostate à cinquante-deux ans. Le reste du temps libre serait dégagé en vue des tâches ménagères pénibles et à de la recherche de billets de train bon marché sur des comparateurs de prix, le tout en vue de rendre visite à des amis de longue date qui ne se souviennent plus de la date de votre anniversaire. Je précise que tout ce processus se fait de plein gré et consciemment. L'idée, aussi sinistre soit-elle, est qu'après avoir déconné sévère jusqu'à vingt-quatre ans environ, il faudrait revenir à la raison et trouver un vrai boulot, mettre de l'argent de côté et commencer à se lever tôt le dimanche. En fait, il faudrait se transformer subitement en une version plus jeune (physiquement parlant) de ses parents et donc reproduire le même schéma qui les a conduits à ne plus se toucher depuis 1993. J'ai longtemps été sujet à des étourdissements lorsqu'au cours d'une soirée, certains m'expliquaient être heureux d'en profiter maintenant, car, après, « ce sera terminé, hein ! » me disaient-ils tout en buvant leur boisson jusqu'à la dernière goutte, comme pour rentabiliser ce temps qui leur échappe. Sans que personne ne les oblige à faire une telle chose, les habitants du monde de Julia acceptent l'idée d'avoir une vie moribonde et plate pendant la quasi-totalité de leur existence. Sans même s'en rendre compte, des Français (souvent en couple, comme Julia) décident de se suicider au quart de leur existence en excluant volontairement toute forme de plaisir et d'incertitude de leur vie sacrifiée sur l'autel de la maturité. Alors même que rien n'indique qu'ils doivent en passer par là (un enfant, un travail ou une vie de couple n'oblige personne à ne plus vivre), ils opèrent ce sacrifice dans l'espoir d'accéder à un stade de conscience supérieure, un peu comme des moines franciscains qui par la prière perpétuelle, le travail manuel et, surtout, l'abstinence sexuelle espèrent se rapprocher de Dieu. Il est toujours étonnant de contraindre sa vie à des principes fondés sur la discipline quant au futur, sachant que la seule certitude que nous ayons durant notre existence est celle de notre propre mort. Ainsi, l'existence ayant pour seul objectif d'atteindre la mort le moins péniblement possible, beaucoup de couples choisissent la sécurité et arrêtent de vivre.

Bien sûr, Julia n'était pas de cet avis puisqu'elle m'a quitté justement parce que je ne rentrais pas dans ce monde d'adultes qu'elle souhaitait embrasser. Pour elle, j'étais un élément instable d'une vie qui devenait de plus en plus angoissante et qu'elle voulait maîtriser à tout prix. Ma non-ambition face à tout ce qui pouvait nous arriver était pour elle source de désespoir ; pour moi, source de quiétude. Comme souvent dans la vie, il s'agit surtout de sécurité. Grandir est effrayant car cela implique de se rapprocher de l'évidence qu'est l'inéluctabilité de notre mort. Plus on se rapproche de ce voyage vers l'Inconnu, plus nous souhaitons stabiliser notre vie pour créer l'illusion d'un certain contrôle. Une façon comme une autre de maîtriser son environnement. C'est un peu la même chose lorsque votre couple vacille et que vous décidez subitement d'offrir un restaurant, de résilier cet abonnement Internet que vous traînez depuis trois logements et pourquoi pas faire un enfant. Créer un cadre dans lequel les choses sont contrôlables et prévisibles doit faire baisser le niveau d'angoisse et satisfaire votre quête à trouver un sens dans la vie. C'est pour cela que l'armée est régie par autant de règles. Plus il y a de règles, moins vous vous posez de questions, moins vous remettez en cause les choses. Il est vrai que, pour ma part, j'accepte les peines de la vie avant qu'elles aient lieu – à l'inverse de Julia qui cherche à lisser sa vie en les évitant coûte que coûte. Quand j'ai refusé de mettre au garage mon ordinateur sous prétexte que « c'est un truc d'ado », elle y a vu un élément perturbateur, quelque chose qui ne rentrait dans aucune case. Comment pouvait-elle vivre avec un homme qui travaille et, parfois, joue aux jeux vidéo ? Julia veut un couple moderne, celui qui rentre dans toutes les cases et qui est prévisible.

Ce phénomène moderne se matérialise chaque jour dans le couple Julia et Ludovic – et est bien sûr approuvé par ma banquière, Gladys. Grandir, c'est avant tout être dans un couple stable et tourné vers l'avenir. On trouve ce couple moderne à n'importe quel brunch parisien, ainsi qu'à n'importe quelle brocante qui vend des commodes moches qui normalement occupent le salon de votre grand-mère. Ce sont eux qui noient votre *feed* Instagram avec leurs déjeuners dominicaux normands où toutes les personnes sur la photo sourient de manière excessive, comme s'ils en étaient prisonniers et semblaient appeler à l'aide.

Être un couple sympa en 2019

Ludovic est consultant en recrutement, Julia chargée de communication au département Conception produit chez Danone. Ils se tirent mutuellement vers le haut, c'est-à-dire vers l'achat d'un bien immobilier et d'un week-end à l'étranger tous les trimestres, au minimum. Ludovic est brun et plutôt grand. Il a fait une grande école réputée – souvent Sciences Po, comme l'indique son compte LinkedIn qu'il tient à jour régulièrement grâce à des articles sur « Les dernières pratiques en matière de management ». Une fois son diplôme en poche, il a voulu célébrer la fin de sa vie de non-adulte tel un vieillard en phase terminale qui souhaiterait regarder par la fenêtre une dernière fois. Naturellement, il s'est lancé vers un voyage de six mois dans un pays en voie de développement plutôt pauvre mais ensoleillé. Assis à la terrasse d'un café, il pourrait songer à faire un point global sur son existence : à savoir choisir de travailler chez Total ou chez Dassault. Le premier dispose d'une piscine dans ses locaux et propose à tous les employés une remise sur l'essence. Le second offre à tous un CE de qualité pouvant prendre en charge l'intégralité de ses vacances. Il se dit qu'il y réfléchira dans l'avion du retour qui sonnera l'arrivée certaine de son CDI et donc de l'arrêt des festivités. Il a rangé sa console et acheté des chemises bleues chez Massimo Dutti. Il trouve qu'elles sont très bien, car il peut les porter à toute occasion et cela lui donne un air mature et responsable. C'est sans doute ce qui a plu à Julia, qu'il a rencontrée à une soirée des anciens de Sciences Po tandis que j'interviewais un vendeur de poupées sexuelles.

Julia est brune et mince, elle aussi diplômée de Sciences Po. Après un énième stage chez Danone durant lequel elle a accepté d'être malheureuse pour « faire ses armes », elle a enfin obtenu le Graal tant recherché : un CDI et une équipe à manager. Elle a abandonné l'équitation pour s'abonner à *Running Mag*. À vingt-cinq ans, elle estime qu'il est temps de se poser, d'avoir des projets et d'arrêter de réfléchir. Selon l'Insee, fusionner leur vie respective a fait d'eux un couple CSP++. Installés tous les deux maintenant dans un trois pièces du XVIIe arrondissement, ils se retrouvent chaque jour vers 19 h 30. Ils font l'amour une fois par semaine – souvent sous la douche, car cela permet de rentabiliser leur temps sans salir la chambre – et apportent du vin rouge aux dîners. Ils ne font plus vraiment de soirées où la musique y est trop forte, mais préfèrent les apéritifs. Leurs discussions tournent majoritairement autour du travail et des parts d'impôts, et quand ils ne descendent pas leur fil d'actualité Facebook côte à côte, ils dorment. Le week-end, ils partent à la campagne. Julia et Ludovic sont le couple parfait, celui qui sourit et regarde vers l'avenir et non vers ses pieds comme moi. Je les retrouve partout : des publicités dans le métro vantant les bienfaits d'un week-end à Metz Métropole aux dépliants présents sur le bureau de Gladys faisant état des derniers taux d'intérêt pour jeunes actifs. Ils ne *vont pas bien* ensemble, mais ils *sont bien* ensemble. Ils ne seront jamais heureux, mais ne seront jamais malheureux non plus. Ils sont une autre de mes Némésis.

Ce nouvel ordre mondial du couple par rapprochement de capacités a, comme beaucoup d'autres extrémismes avant lui, germé sous la pression d'un chômage toujours plus important et d'une compétition sexuelle et sentimentale toujours plus féroce. Un peu comme les gros et les boutonneux du collège qui se retrouvent systématiquement dans la même équipe en EPS car personne ne veut d'eux, certains choisissent de se regrouper sous des intérêts communs pour former un couple d'adultes. Ici, l'ambition, l'argent et la stabilité forment le cœur du couple Ludovic et Julia. C'est avant tout la peur d'échouer qui a fait germer ce couple macabre dans une société où chacun tente de se battre pour plus de liberté. Au lieu de faire de même avec le couple, ils préfèrent la dictature et l'hypothétique sécurité qu'elle confère aux risques liés à une liberté certaine. Au milieu des centaines d'applications de rencontres échangistes qui peuvent vous permettre de coucher avec n'importe quoi dans l'heure, Ludovic et Julia préfèrent la sécurité. La passion, c'est bien, mais si on ne sait pas de quoi sera fait demain, comment bien dormir ? Quand Julia m'a demandé de grandir, il s'agissait en fait de mettre en place des règles, la sécurité et des contraintes. La maturité serait donc notre capacité à nous imposer un certain nombre de règles et à nous y tenir quoiqu'il arrive. Je crois qu'on appelle ça le mariage, en somme. Et à force de passer le plus clair de leur temps dans des bureaux lugubres où le bonheur se matérialise dans des crêpes-partys organisées par un *happiness manager* dépressif et des poufs où personne n'ose s'asseoir, ils ont transformé le couple en une société par actions simplifiées, faisant de grandir un véritable film d'horreur. Dans le monde de Julia, grandir revient donc à exclure la passion, l'incertitude et toute initiative. L'idée est d'établir un contrat clair pouvant permettre de vivre à deux le plus longtemps possible, le tout dans des conditions financières décentes. Non ambitieux comme je suis et par conséquent peu enclin à m'engager sous l'effet de la pression sociale et du futur, je ne remplissais pas les cases du contrat que Julia m'avait proposé. Je devais lui dire que je l'aime, en être certain tous les matins et accepter l'idée que notre existence se résumerait à travailler et à consommer des brunchs. Il n'y avait aucune alternative. C'était à prendre ou à laisser. Quand elle m'a demandé : « Tu veux quoi avec moi ? », j'ai fait tout ce que les gros cons font : je n'ai rien répondu, haussant les épaules et laissant le silence décider de notre futur. Je voulais lui dire que c'est elle que je voulais, mais qu'il fallait laisser les choses se faire, cesser de chercher à tout contrôler et à tout changer. L'amour n'est pas un formulaire administratif, mais une prise de risque. Mais elle n'avait pas le temps pour ça. Elle avait déjà vingt-six ans et une carrière à mener. Je devais signer un contrat, pas le discuter. En fait, c'était comme postuler à un job pour lequel les conditions ne sont pas négociables – c'était à prendre ou à laisser.

Si Julia voyait dans ma passivité et ma non-ambition une peur – voire un refus – de grandir selon ses codes, c'était en fait tout l'inverse. Je n'ai pas ressenti le besoin de figer les choses pour de bon puisque le futur ne me fait pas peur. Mon futur, c'était elle. Le reste n'avait pas d'importance. Mais aujourd'hui, tout est à prendre en compte, car le couple doit être au service du reste, il est un moyen d'arriver à une vie sympathique, et non le bonheur en soi. Le couple du XXIe siècle est un appareil ménager qui doit fonctionner quoiqu'il arrive : tout réside dans la sécurité et le confort qu'il procure. À l'inverse de Julia, je suis excité à l'idée de grandir. Grandir n'est pas une tempête tropicale à cause de laquelle il faut prendre des précautions pour lui survivre. Je n'ai jamais pensé que passer un certain âge me condamnerait à ne plus jamais ressentir quoi que ce soit d'agréable que la vie puisse m'offrir, ni que je ne pouvais plus boire, me lever tard ou prendre de mauvaises décisions. Je trouve plus qu'épouvantable de voir la vingtaine comme l'unique période sympathique de notre existence et d'accepter qu'après celle-ci, la vie doive être stable et rangée. Mais être un adulte sans être chiant est-il envisageable ? Les deux sont-ils incompatibles ?

Il me semble évident que la notion de « grandir » n'est pas liée à une quelconque maturité, ni relative à un niveau de contraintes que l'on est capable de s'imposer. En fait, c'est bien le besoin de prendre des décisions quand tout va bien qui est symptomatique d'une peur de vieillir. Julia pensait être une personne mature et pleine d'ambition, et pourtant elle ne supportait pas de me voir ne pas évoluer vers autre chose, un genre d'idéal de la maturité où je devais lancer ma start-up et prendre une Citroën DS3 en leasing. C'est bien cela qui m'a transformé en quelque chose d'informe et inutile, alors que je voulais simplement continuer de vivre. Je sais qu'elle était amoureuse et que le problème se situait là. Julia ne cherchait pas à être heureuse, mais plutôt à ne jamais être malheureuse. Elle avait besoin d'un plan de carrière amoureux, une sorte de fiche de poste qui expliquait nos missions respectives et nos qualités. Pourtant, si j'avais eu une fiche descriptive de Julia sur ses qualités et défauts avant de sortir avec elle, je n'aurais jamais sauté le pas. Elle fait une tonne de choses que je hais (et je pense que c'est réciproque) et sur un site de rencontres, nous ne nous serions jamais adressé la parole. Pourtant, nous nous sommes aimés, car quelque chose s'est passé. Malgré cela, il a fallu tout foutre en l'air, car l'incertitude de notre rencontre avait laissé place à la routine. Plus le temps passait, plus elle cherchait un genre de Xanax quotidien qui pourrait la rassurer. Un peu comme lorsque vous prenez un emploi bien payé, mais inintéressant. Vous dressez une liste du « pour » et du « contre », et, comme souvent, tout ce qui se rapproche de près ou de loin à l'incertitude tombe dans la case « contre ». Certains se droguent pour éviter de penser, d'autres se mettent en couple avec quelqu'un de bien. Bien sûr, j'ai rapidement su que Ludovic, lui, savait ce qu'il voulait. Elle ne l'aimait pas, mais il a signé sans se poser de questions. Tragiquement, ils ont compris que pour durer, il fallait éviter d'être amoureux.

Marc, partie 2

J'appris le suicide de Marc par mail. Niché entre une proposition de voyage de presse à Avoriaz et un communiqué Netflix pour annoncer l'arrêt prématuré de la série *Plan Cœur* à la suite des critiques unanimement violentes quant à la qualité du scénario, j'aperçus un mail étrange, et notamment à la ligne Objet dudit mail : « Toutes nos condoléances à la famille de Marc. » Ce genre de message interne n'est évidemment pas chose commune. Je ne dirai pas non plus qu'il n'est jamais arrivé qu'une personne décède au sein de l'entreprise pour laquelle je travaille, mais je suis davantage habitué aux : « Ciao l'équipe ! », ou « Ce fut un plaisir », en guise d'ultime mail après un licenciement camouflé en départ volontaire « vers d'autres projets personnels » qui ne sont rien d'autre que l'agence Pôle emploi la plus proche. Le reste du mail refusait toutefois de se charger à cause du manque de réseau du lieu où je me trouvais. À cet instant, j'étais assis sur la cuvette des toilettes froide de l'aire de Taponas, au kilomètre 187 de l'Autoroute du Soleil. Je me rendais à Marseille pour quelques jours avec des amis, seul en voiture parce que j'avais lu sur Internet que « conduire est bon pour l'introspection ». Continuellement en quête de sens quant à ma vie, j'avais sauté sur l'occasion. J'étais épuisé et je ne disposais pas de suffisamment d'informations pour être véritablement triste ou entrer dans une quelconque forme de deuil. Si j'avais un profond respect pour Marc, proche de celui que l'on porte à un nouveau robot mixeur multifonctions, je le considérais néanmoins comme un être détestable. Donc avant même de l'imaginer avec un canon de fusil dans la bouche ou noyé dans son vomi au milieu de son lugubre studio décoré en salon de thé littéraire, je tentais déjà d'oublier le fait que j'étais en parfait alignement avec six autres hommes, eux aussi en train de déféquer dans les cabinets voisins, le tout dans un silence assourdissant. Nous étions comme une armée de soldats résignés à jouer les cobayes pour une expérience scientifique. Malgré la mort de Marc, j'agissais naturellement, presque de façon robotique. Étais-je en état de choc ? Sans doute que non.

Une fois libre et quasiment propre, je repris mon téléphone et constatais que le réseau était de nouveau présent. Après un rapide tour sur Instagram, je pus lire ledit mail et les circonstances de ce désastre : « Cher(e)s collègues, c'est avec une profonde tristesse que nous apprenons aujourd'hui le décès de Marc-André Cérib. »

Le mail faisait ensuite état d'un « tragique accident à son domicile », puis résumait la faible carrière de Marco au sein de l'entreprise, dont le principal fait d'armes fut la création d'un partenariat éditorial avec le Crédit Agricole. Rien de bien excitant. Le mail se concluait sur « une tristesse infinie de toute l'entreprise, et toutes nos pensées vont à sa famille ». J'étais stupéfait de découvrir que Marc s'appelait en fait Marc-André, soit le nom que l'on donne à toutes les librairies et tous les magasins de chaussures de province. « Quelle enflure ! » me dis-je, il l'avait bien caché. Venait-il lui-même de le découvrir ? La violence du choc l'avait peut-être plongé dans une tristesse infinie. Un texto interrompit la rédaction de mon *tweet* : « Si vous voulez avoir des enfants, passez un week-end sur une aire d'autoroute avant. » C'était Julien, un pote du boulot dont le travail de journaliste n'est qu'une couverture pour exercer sa véritable fonction : complotiste et lanceur de rumeurs en open space. Il disait : « Mec, il s'est suicidé dans sa chambre, il paraît. Chaud. » Je n'eus aucune réaction à cette nouvelle sur le moment. Peut-être était-ce le moyen de communication qui rendait le message dépourvu de toute humanité, ou bien était-ce parce que j'avais méprisé Marc si longtemps que mon humanité avait, elle aussi, disparu, aspirée par la chasse d'eau de ma non-ambition face à la vie. La mort est une inéluctable, de même qu'un couple qui finit éperdument amoureux à la fin d'un *feel good movie*. Il est également possible que ma sobriété émotionnelle soit liée au lieu où mon corps lâche se trouvait. Il y a des endroits où l'on est apte à ressentir des émotions, d'autres non. Les toilettes d'autoroute font sans doute partie de cette seconde catégorie, avalant toute humanité dans le trou noir des toilettes turques.

Pour être honnête, je ne fus pas vraiment surpris d'apprendre son suicide. Marc était une merde et il avait sans doute fini par comprendre la vacuité de son existence lorsque son dernier *post* Instagram récolta simplement deux *likes*. Il s'agissait d'un ciel orangé pendant un soleil couchant avec un *hashtag* #Life. Il approchait les trente-cinq ans et sa vie se limitait à draguer des stagiaires de quinze ans de moins que lui, surfant sur sa capacité à obtenir des places de concert gratuitement. Son hygiène, qui pourtant participait à sa renommée et à son style bien particulier, était dans un état misérable. Bien sûr, sa présence sur Terre fut pour moi toujours un fardeau tant tout semblait graviter autour de lui – surtout les filles. Je voulais surtout comprendre.

Je finis par demander plus de détails, et il semble (selon Julien) qu'il ait avalé un nombre conséquent d'anxiolytiques dans le but de quitter ce monde. J'appris plus tard qu'il aurait mis plus d'une vingtaine d'heures à mourir, le tout dans une souffrance indescriptible. Son suicide est à l'image de sa personnalité : moyenne. En fait, il a fait la même erreur que tous ceux qui choisissent de se tuer en avalant des médicaments : ils n'en prennent jamais assez. Le truc que beaucoup ne savent pas, justement parce qu'ils pensent que toutes les étapes de la vie sont surmontables, c'est que ce sera toujours plus pénible de ne pas en prendre suffisamment plutôt que d'en prendre un carton d'un coup. S'il avait eu un peu plus de courage, il aurait tout avalé et se serait endormi sans presque rien sentir. Au lieu de ça, il est devenu tout jaune, un peu comme quand vous attaquez votre huitième pinte. Il s'est ensuite chié dessus avant de sentir son foie lâcher, car il n'était plus capable d'absorber toutes les saloperies passées par sa bouche. Du coup, son corps s'est lentement transformé en une énorme poche de sang géante. Plutôt résistant, il a souffert très longtemps avant de décéder. Marco confirme donc la statistique selon laquelle les Français sont nuls en suicide. Pour sa défense, se suicider proprement n'est pas quelque chose de si simple que ça. L'être humain peut s'avérer particulièrement créatif lorsqu'il s'agit de faire souffrir autrui. Par contre, il semble totalement désarmé, voire proche du néant intellectuel, lorsqu'il s'agit de lui. Comme si se donner la mort était techniquement plus complexe à réaliser qu'un génocide. Et malgré le fait que l'humanité a maintenant une certaine expérience dans ce domaine, nous restons donc globalement assez médiocres. En France, sur près de 200 000 tentatives de suicide en 2014, seulement 10 000 peuvent être qualifiées de succès – c'est-à-dire où la personne est morte du fait de sa propre action. Son ambition à vouloir contrôler chacune de ses actions l'avait poussé à ne pas prendre assez de cachets, à gérer son décès et donc à le rater – d'une certaine façon, puisqu'il est effectivement mort, mais maladroitement. S'il avait accepté dès le départ que la mort est la seule fin possible et qu'il ne pouvait qu'y aller à fond, il aurait sans doute fait les choses bien.

« Marco avait-il eu alors raison de se suicider ? » me demandai-je. J'en doute. Cette solution est pour moi impensable. Quand on n'attend rien de la vie, la quitter est le geste le plus illogique à faire puisqu'elle implique une déception inattendue. Partir de cette manière est pour ceux qui en attendent trop et se retrouvent déçus. Si Marc avait choisi la non-ambition en lieu et place de son hypersociabilité qui nourrissait chaque jour son gros ego, il n'aurait jamais eu d'objectif à atteindre et donc aucune raison de s'en vouloir d'être une merde – comme moi. Mais Marc avait-il vu ce qui se déroulait sous ses yeux ? À savoir, le futur de 90 % des Français. La rage et le malheur qui se dégageaient de toutes les personnes présentes sur cette aire d'autoroute venaient-ils de leur funeste ambition à « passer de bonnes vacances », voire à espérer une vie meilleure ? Cela explique sans doute pourquoi se suicider est quelque chose de « normal », socialement parlant. Les gens se suicident dans toutes les sociétés et à toutes les époques de façon constante. C'est comme ça. Constater avec un tel effroi à quoi ressemble notre civilisation peut donner des envies de mort soudaine. Était-ce le cas pour Marc ? Le suicide de Marc était à l'image de la médiocrité générale de notre espèce : à la fois capable de rêver des plus belles choses pour son futur, mais trop con pour le mettre en pratique autrement que par un compte Instagram dédié aux fleurs. Marc était mort, et avec lui le moyen de percevoir ma non-ambition. Grâce à lui, j'étais toujours capable de savoir à quel niveau j'étais sur l'échelle du « Suis-je une grosse merde ? » Dorénavant, j'allais devoir affronter la vie sans repères, sans personne à qui me confronter. Malgré tout, je me demandais ce qui avait bien pu se passer dans l'esprit d'un homme dont tout le monde rigole aux blagues et vante le bonheur sans lendemain pour qu'il abandonne de la sorte ?

Le monde est moche

En regardant autour de moi, errant au milieu des sandwichs triangles infects et autres piles de livres de Marc Levy (soit le centre névralgique de toutes les aires d'autoroute françaises), un élément de réponse me sauta aux yeux. Notre monde est moche, et nous sommes tous hideux à en vomir. Il y a de nombreux lieux que je hais sur cette planète. Parmi eux, les centres commerciaux surchauffés où les gens traînent leurs vivres qu'ils engloutissent devant une émission de téléréalité, les caisses automatiques de supermarché qui ne fonctionnent jamais, ainsi que les opticiens chez qui tout le monde chuchote sans raison figurent en tête de cette longue liste. Pourtant, rien ne m'angoisse plus que l'aire d'autoroute française. Construite dans les années 1960 pour permettre aux Français moyens lancés sur la route des vacances tels que moi de pouvoir se restaurer, faire crotter leur chien et si besoin d'oublier leurs enfants qui chouinent depuis le lever du jour, elle est aujourd'hui l'ultime étape d'un voyage vers l'abîme – un passage de la vie obligatoire, rappelant à chacun d'entre nous que ce monde n'a rien de plus à offrir qu'un paquet de Pim's fraise à 8,99 euros. L'aire d'autoroute est l'un des lieux les plus sinistres que l'homme ait construits, avec les bureaux de poste. En arpentant les travées du restaurant principal de l'aire d'autoroute, je me fis la réflexion que tous les gens qui m'entouraient semblaient malades et proches de la fin. Ces personnes toussaient, engueulaient leurs enfants en surpoids et soupiraient violemment à chaque effort supplémentaire de marche. Tous semblaient souffrir de chaque seconde vécue dans ce monde. La calvitie rongeait leurs crânes aplatis par l'abrutissement d'une vie passée devant un écran de télévision de mauvaise qualité, les pantacourts gris à poches – laissant penser qu'ils se dirigeaient effectivement vers un lieu de vacances – étaient présents et chaque mot qui sortait de leur bouche informe était à la fois indicible et agressif. Le brouhaha général y est démentiel, chacun hurlant plus fort que son voisin pour une histoire de jouet, de café ou de prix de l'essence.

L'aire de repos est en fait un condensé de toute l'horreur que produit notre civilisation : de la nourriture en sachets, de la sueur et des parkings à perte de vue pour assouvir la quête de chaque être humain d'avoir *sa place* dans ce monde. Je me demandais un instant si l'enfer ne s'apparentait pas à une aire d'autoroute française en plein été – là où toutes les âmes perdues se retrouvent, celles trop pauvres pour espérer autre chose que louer un mobil-home dans un camping de Vendée et trop riches pour rester chez elles à faire des tours de mobylette autour du stade. Le châtiment ultime d'une vie pourrait être de passer l'éternité dans un hall d'aire d'autoroute avec comme seul divertissement les livres de Marc Levy et aucun moyen de se donner la mort. Mais si ce lieu est digne de l'*Enfer* de Dante, il est surtout représentatif de la vie. En observant autour de moi, l'aire d'autoroute ressemblait davantage à un musée de notre existence, présentant tout ce que nous faisons de pire et tout ce que nous allons être un jour ou l'autre. Tout y est fondamentalement fade et inabordable pour le commun des mortels. J'étais comme témoin d'un exode de personnes malheureuses et à bout de souffle vers une vie qu'ils n'auront jamais. L'aire d'autoroute est le symbole de l'ambition de chaque être humain. Elle est la première porte vers les vacances, le soleil et le temps libre – soit un truc que personne n'aura. Chacun y voit l'espérance d'une vie meilleure, l'idée qu'autre chose est possible et qu'en travaillant dur, le bonheur est possible. Bien sûr, ce mirage disparaît dès lors qu'il pousse la porte de l'un de ces bâtiments grisâtres qui bordent nos autoroutes. J'étais perdu au milieu d'une France qui rêve et ambitionne chaque année pour finalement se retrouver à manger un sandwich au milieu de nulle part, déjà épuisé avant même d'avoir pu apercevoir autre chose que du béton. Si avant de naître, il m'avait été possible de passer une journée sur une aire d'autoroute un week-end du 15 août pour me faire un avis sur la suite, j'aurai probablement tout fait pour ne jamais sortir du ventre de ma mère. Après m'être acquitté de 17 euros pour un sandwich et un Orangina, je fus pris de violents vertiges à la vue de cette marée humaine suintante et révoltée. En me précipitant à l'extérieur pour respirer de l'air et de tenter de voir autre chose que des personnes portant leur corps avec dépit et entourées d'enfants aussi désagréables que laids, je me rendis compte que ce fut le théâtre de la même désolation.

Je sais que faire des enfants peut être un remède contre la dépression, la rupture du couple ou le suicide. Voir un petit être naïf prendre tout notre temps libre et détruire votre vie sexuelle peut redonner un sens à la vie, voire des motifs d'espoir face à l'existence humaine. Par exemple, se dire que, au bout du compte, il y a des choses plus importantes que le boulot et les taux de crédit. C'est du moins ce que disent certains magazines conservateurs de droite, où la famille est toujours un refuge face à la torpeur de notre monde et aux problèmes d'érection. Pourtant, ce n'est pas vraiment le spectacle qui se déroule face à moi. Personne ne semble heureux. Pire, les enfants semblent être une source de pression et de chaos constante pour quiconque se trouve à moins de dix mètres. Tous les couples en désir d'enfant devraient faire un stage sur une aire d'autoroute pour constater par eux-mêmes ce qui les attend à l'avenir. À titre personnel, j'ai abandonné l'idée d'avoir des enfants avant trente-cinq ans – ou plutôt de partir en vacances avec mes futurs enfants – après avoir vu une famille moyenne déjeuner sur une aire d'autoroute. Je n'avais jamais vu autant de matériel et de détritus. On aurait dit qu'un détachement de l'armée américaine avait élu son camp de base sur le parking B1 de l'air de Taponas. Le break Renault qui leur servait de moyen de locomotion abritait des glacières, des tables en plastique et trois enfants dont la seule raison d'être sur cette planète était de hurler. Il consommait des milliers de gâteaux sans même respirer, et donc chaque bouchée supplémentaire les faisait grossir et rendait leurs cris d'autant plus stridents. J'étais face à des monstres qu'on laissait se développer sous les signes d'épuisement de leurs parents, ne sachant plus s'ils devaient être heureux ou non de voir cela se dérouler sous leurs yeux. Je sombrai alors moi aussi dans le vide et l'ennui d'une vie normale, essayant de comprendre comment nous avions pu en arriver là.

Erratum

Je vous dois maintenant quelques excuses. Cela fait un sacré moment que je vous bassine avec le fait que la non-ambition est le meilleur moyen d'avoir ce que l'on veut dans la vie, de faire face aux gens et, accessoirement, d'être heureux. Je vous ai raconté le plus simplement du monde toutes les fois où la vie a décidé de me sortir de mon bol de déchets dans lequel j'étais voué à me noyer seul, car de toute évidence j'avais accepté cette éventualité. Ces non-échecs inattendus m'ont poussé à regarder la vie autrement que par le prisme du triptyque qui guide nos destinées à tous : l'argent, le travail et une réservation régulière de billets TGV pour des week-ends dans le Sud-Ouest avec des amis de longue date. Sur le papier, tout ça est admirable et pourrait presque être un motif d'espoir quant à la vie, si tant est qu'il y ait un quelconque intérêt à croire en celle-ci. Cela n'a jamais permis d'obtenir une augmentation de salaire, de maigrir ou d'avoir une plus longue espérance de vie. À la limite, je veux bien croire que l'espoir en lui-même aide certaines personnes à ne pas sauter d'un pont lors d'un pluvieux lundi soir, mais c'est bien la seule chose pour laquelle il est utile. J'ai tourné le dos à la notion de productivité, craché sur le concept d'effort et vomi frénétiquement sur la représentation sociale dans le but de suivre un autre chemin : ne pas devenir quelqu'un de conforme. J'ai même osé dire que l'avis des autres ne m'intéressait pas, ce qui est faux puisqu'il m'arrive régulièrement de lire les commentaires sous mes articles afin de cerner une tendance générale quant à l'accueil de ce dernier par les lecteurs. Celle-ci peut aller de : « Encore un "article" de merde d'un "journaliste" frustré », à : « Pas mal pour un stagiaire » – ces deux critiques m'allant très bien, puisque cela signifie qu'ils ont lu mes articles. Si ce comportement a pu parfois me ranger dans la catégorie des « gros cons parasites de la société », cela m'a ouvert des portes que je pensais fermées à jamais et m'a permis de comprendre certaines choses notables : j'ai toujours un travail convenablement rémunéré, un appartement avec une baignoire et mes amis ne m'ont pas encore supprimé de leur répertoire. J'ai même pu m'acheter un nouveau matelas à 650 euros ainsi que les oreillers assortis, ce qui est de toute évidence un signe de maturité et de réussite sociale.

Le départ de Julia, au lieu de provoquer chez moi une légère remise en question sur les conséquences que peut entraîner la non-ambition, m'a donné l'idée de lancer une secte construite autour de la non-ambition. Quelle autre carrière professionnelle peut vous proposer un salaire indécent et injustifié, une qualité de vie optimale et des esclaves à votre merci prêts à mourir pour défendre votre dogme ? À part rédacteur en chef d'un média parisien important, je ne vois pas. Point non négligeable, il suffit de savoir raconter des histoires à la fois personnelles et universelles pour susciter l'engouement chez de futurs fidèles. Dans une société dépourvue de lien social, n'importe quoi peut raviver la flamme dans les yeux de Français contraints de passer leur samedi après-midi dans d'immenses zones commerçantes à pousser un caddie. Par exemple, commencer par écrire quelques articles forts mais simples où les gens normaux (comme moi) peuvent s'identifier et se dire : « Ah oui, c'est exactement ça ! » dans leur cervelle est un excellent début. Il faut ensuite continuer sur cette lancée pour créer une forme d'attente autour de la prochaine révélation. Par exemple : « Je ne sais toujours pas danser. » Insidieusement, il est possible de développer une doctrine au milieu de blagues sur les trottinettes électriques et les consultants financiers. Par exemple : « Travailler est inutile et préparer l'avenir n'a aucun sens. » À partir de là, le boulot est presque fait. Cette secte pourrait s'appeler *Oitum* (le terme latin pour désigner « le temps libre » durant la Rome antique). Tous les adeptes auraient pour obligation de ne prendre aucune décision et de laisser la vie décider pour eux, et ce peu importe le malheur qui se dresse face à eux. Devenir meilleur et acquérir des compétences utiles serait prohibé et toute ambition quant à soi-même ou les autres serait synonyme de condamnation à mort. Chacun devrait accepter sans sourciller sa souffrance quotidienne et aurait l'interdiction de l'esquiver sous peine d'être condamné à l'exil. Le pantacourt serait obligatoire, en signe de rébellion face au diktat du cool. L'objectif serait de montrer au monde que le bonheur réside dans la désespérance et l'acception de la souffrance – jusqu'à mourir de faim puisque personne ne se déciderait à faire à manger. Le problème est que pour lancer une secte, il faut soutirer de l'argent à ses fidèles.

De là naît un premier problème quant à la non-ambition. Comment cultiver ma non-ambition tout en arnaquant copieusement mes congénères ? C'est antinomique puisque ça m'obligerait à orchestrer un plan et à avoir une ambition. D'un autre côté, attendre un signe de la vie ne risque pas de me propulser au rang de gourou surpuissant. Tel un imbécile heureux qui réalise l'absurdité de son raisonnement, j'ai compris que l'anti-ambition ne pouvait me venir en aide quand je le souhaitais. Si, sur le papier, la non-ambition semble avoir transformé ma banale existence en quelque chose de vivant, la réalité est parfois plus pénible que ce que je veux bien en dire. Avec le recul, je pense avoir été condescendant à certains égards et sans doute même méprisant avec certains – surtout les managers et les propriétaires d'appartement deux pièces. Un bel enculé en somme. Il est vrai que le suicide de Marc m'a fait réfléchir. Je ne dirais pas qu'il m'a atteint au point d'y penser ailleurs qu'aux toilettes, mais comme tout être humain, la mort d'un congénère amène à prendre du recul sur sa vie et à tenter de ne pas faire les mêmes erreurs. Son ambition à devenir le mec le plus cool de la boîte l'a mené à mettre fin à ses jours de manière maladroite : il s'était copieusement raté. Si cela peut facilement prouver que j'ai raison sur toute la ligne, il est plus pertinent de voir dans cette tragédie humaine que dans la vie, rien n'est acquis. Maintenant, inutile de nous voiler la face. Nous sommes entre adultes consentants et je suis certain que vous vous êtes dit à de multiples reprises en lisant ce livre : « Ouais, enfin bon, tu es gentil, Paul, mais je ne suis pas certain que ton nihilisme déguisé en anti-ambition ne fonctionne pas dans tous les pans de la vie. Ce serait trop facile et si ça se savait, on le ferait tous, un peu comme le yoga et les randonnées en montagne. » Et vous avez entièrement raison. Tel un installateur du câble SFR, j'ai menti – ou plutôt, j'ai omis certains détails. Sur l'anti-ambition elle-même.

Ma troisième Némésis

C'est en constatant cette inquiétante évidence que je me fis cette réflexion : vanter en permanence ma non-ambition comme remède face au monde abject qui nous entoure et l'hypothétique facilité avec laquelle je la pratique me range dans la même boîte que cette connasse de Tiphaine.

Tiphaine a grandi à Meudon, dans la banlieue aisée de Paris. Comme moi, son enfance a été bercée par l'agréable routine d'activités propres à la classe supérieure française. Sa vie s'articulait entre des cours de piano, des week-ends à Deauville et des parents qui ne s'aiment pas, mais tiennent à déjeuner ensemble le dimanche midi. Élevée dans la performance pour être au moins aussi forte que son père, Tiphaine a tout mis en œuvre pour être la première de la classe et ainsi tout écraser sur son passage tel un bulldozer qui roule sur les singes hurleurs d'Amazonie. Il faut savoir qu'au sein des classes supérieures, un enfant n'est pas un cadeau du ciel. C'est une création pensée et réfléchie qui se doit d'être une version évoluée de ses créateurs, un peu comme la nouvelle version d'une application. Elle se doit d'avoir moins de *bugs*, plus de fonctionnalités et rapporter plus de fric. Il est impensable que celle-ci gagne moins d'argent ou descende d'un échelon social. Une famille a vocation à grossir le plus possible – financièrement, surtout –, et les enfants en sont les principaux soldats. Pour Tiphaine, programmée pour réussir quoi qu'il arrive, les hommes ne sont qu'une occupation entre deux créneaux de boulot, une marchandise à épuiser rapidement ou un ustensile pour combler un vide laissé par une erreur d'algorithme dans une optimisation de sa productivité orchestrée par ses parents qui, après tout, ne veulent que son bonheur. Son dernier copain l'a qualifiée de « dingue qui veut tout contrôler ». Elle rêve de devenir avocate afin de défendre la cause animale. Comme tous les conservateurs et les sympathisants de François Fillon, elle s'est inscrite en fac de droit à Paris – comme moi.

C'est ici que nos chemins se sont croisés et qu'une nouvelle fois, j'ai eu le sentiment d'être une merde. Tiphaine est ma Némésis des études. C'est celle qui lors de chaque examen explique « n'avoir rien foutu » et être « vraiment dans la merde » avant de se taper un beau 16 sur 20 en ayant presque l'air surprise. J'ai maudit Tiphaine pendant mes cinq années de fac de droit. À chaque partiel de chaque semestre, c'était le même cinéma. Elle arrive paniquée devant la salle d'examen, expliquant à tout le monde que sa vie est terminée et qu'à cause de sa (fausse) fainéantise, elle allait probablement devenir dame pipi dans un Crous de province. Une fois devant son bureau, sa concentration est telle qu'une vibration se dégage de son corps, un peu comme un moteur en suspens. Son cerveau est à un niveau d'ébullition si élevé que lui adresser la parole, ou même s'en approcher, pourrait déclencher une explosion nucléaire. Tiphaine est une machine qui entame sa dix-septième copie double alors que j'allonge encore une phrase pour gonfler un peu mon introduction et surtout faire en sorte que ma deuxième partie n'apparaisse pas trop tôt. Souvent, le surveillant doit lui arracher le stylo des mains pour qu'elle arrête d'écrire, alors que je cherche le réconfort dans le regard des autres depuis plusieurs minutes, ayant déjà terminé. En sortant, son visage rouge et abîmé par tant d'efforts commence à peine à revenir à son état normal. Tout en faisant mine de ne vouloir parler à personne, elle me coupe sauvagement la parole et explique avoir fait n'importe quoi. Profitant de cette brève accalmie générale, elle détaille sa dissertation, point par point, idée par idée. Étrangement, celle-ci ressemble comme deux gouttes d'eau à une récitation de trois cents pages de cours injustement appris par cœur. C'est ainsi qu'elle plonge tous les candidats tels que moi dans un ouragan de tourments et de questions quant à l'avenir, nous ramenant ainsi à notre condition d'élève moyen. Tiphaine a bien sûr menti. Elle a travaillé sans relâche pendant des jours pour obtenir la meilleure note possible et décrocher le master 2 dont elle rêve. Personne n'a 16 de moyenne en master Droit des affaires sans travailler. Ce n'est intellectuellement pas envisageable. Lorsque vient le moment où elle doit justifier son « inattendue » excellente note, elle se targue d'avoir eu de la chance – comme moi lors de mon oral de droit fiscal. Quand on a déjà eu de la chance dans sa vie, on sait que ça n'arrive pas lorsqu'il faut écrire quinze pages par cœur, mais plutôt quand la mort est à votre porte. Tiphaine est aujourd'hui avocate en droit des marchés financiers et gagne 8 750 euros par mois, après impôts. Ma relation épidermique avec Tiphaine met en exergue trois choses. La première est qu'il arrive que le travail paie. La deuxième est que ne rien foutre ne paie que trop rarement. La troisième est que dans la vie, il faut parfois accepter sereinement son sort et sourire au malheur qui se profile à l'horizon et vous emporte doucement dans le chagrin – et dans ce cas, l'anti-ambition ne pourra rien pour vous.

Je sais, c'est mal. Vous vous sentez trahis, un peu comme si un auteur titrait son livre *L'amour dure trois ans* ou *Comment arrêter de fumer en un mois ?* Mais laissez-moi vous expliquer. Dans les moments de doute où je cherche à justifier mes actes les plus répréhensibles – tels que rester en mouvement, mais sans ne rien faire autour d'une grande table où les gens s'activent pour la préparer, simplement pour feinter ma non-activité –, je me tourne alors vers Friedrich Nietzsche, l'un des plus grands philosophes du XIXe siècle, et aussi l'un des plus tristes. Son œuvre est une vaste critique de la culture occidentale moderne et de l'ensemble de ses valeurs morales, politiques, philosophiques et religieuses. Sa critique procède d'un projet de dévaluer ces valeurs et d'en instituer de nouvelles dépassant le ressentiment et la volonté de néant qui ont dominé l'histoire de l'Europe sous l'influence du christianisme. C'est magnifique et c'était le tout premier anti-ambitieux. Il était véritablement contre l'idée que le travail est une porte d'entrée vers une existence justifiée et que l'homme est sur Terre pour exercer une activité. Je suis donc le parfait client pour ce type de lecture et j'aspire souvent à suivre ses préceptes, surtout quand il faut se justifier. Bon, il est aussi vrai qu'à force d'écrire ce genre de préceptes, il sombra progressivement dans la démence et passa les dix dernières années de sa vie dans un état mental quasi végétatif. Avant cela, il écrivait que : « En vérité, les convictions sont plus dangereuses que les mensonges », soit une version ancestrale de : « Il n'y a que les cons qui ne changent pas d'avis. » Voilà pourquoi il m'est arrivé de changer d'avis sur la non-ambition et de revoir mes plans de vie afin de me garantir un succès total – et également de ne pas finir dans un état végétatif avant mes quarante ans, âge auquel j'espère davantage sombrer dans la schizophrénie. Sinon, quand je veux me justifier, je parle d'autre chose en utilisant des concepts abstraits dans le but de perdre le lecteur. Rassurez-vous, je ne vais pas non plus vous dire qu'il faut travailler au collège et au lycée pour avoir une bonne école et finir dans une bonne boîte. Je ne suis pas votre père et c'est de toute évidence faux.

Toutefois, rien ne peut arriver en attendant chez soi allongé à regarder le plafond en espérant une invitation de la vie à se lever. Pour comprendre cela, il faut revenir un peu en arrière. J'ai dû, plusieurs fois, me prostituer et mettre mes principes de côté pour tenter (souvent en vain) d'acquérir un niveau de bonheur spirituel et matériel supérieur – ou, dans le pire des cas, accepter qu'il n'y avait rien à faire pour améliorer cette situation. J'ai dû me rendre à l'évidence : la non-ambition ne fonctionne pas dans toutes les situations de la vie. C'est un fait. Affirmer le contraire serait, d'une part, faux, et, d'autre part, me placerait au niveau de fumeurs de *weed* du stade de foot de Bourg-en-Bresse pour qui « L'avenir ? Rien à branler. » C'est avec une certaine amertume que je reconnais avoir déjà enfilé le costume du parfait travailleur productif qui affirme sereinement, les mains confortablement posées sur la table : « Bien sûr, Madame, mon objectif à long terme est d'avoir le privilège de manager une équipe fiable et de mener à bien nos objectifs trimestriels qui me semblent réalisables. » Le simple fait d'écrire ces mots me donne envie de noyer une portée de chatons dans un étang.

Je sais que certains d'entre vous doivent déjà regretter d'avoir acheté ce livre car vous étiez à deux doigts de vous pointer au boulot à onze heures un mardi, espérant démarrer une campagne d'anti-ambition et pourquoi pas, obtenir une augmentation de 15 % dès le mercredi. Ce n'est pas si simple. Comprenez bien qu'il faut savoir ravaler sa fierté pour valider quelques étapes de la vie et être tranquille *ad vitam æternam*. Comme avec vos parents, vous savez qu'il faut parfois faire l'effort de déjeuner avec eux au moins une fois pour avoir la paix le reste du week-end. La non-ambition fonctionne donc comme le mensonge, il faut savoir l'utiliser avec parcimonie, c'est-à-dire l'appliquer à des moments opportuns qui peuvent être bénéfiques pour l'avenir. Anti-ambition ou pas, je n'en reste pas moins condamné à avoir un travail, à payer des impôts, à louer un appartement, à acheter un four, à souscrire à un fournisseur d'accès Internet fiable, à signer un contrat d'électricité comprenant heures pleines et heures creuses et à souhaiter mourir dignement dans mon sommeil. Sur ces points, il m'est difficile de jouer le mec qui s'en contrefout quotidiennement, puisque ma survie en dépend. Mon indépendance financière et morale a parfois dû se jouer sur des terrains glissants où je ne pouvais me défiler sous prétexte que je laisse la vie décider pour moi : aucun propriétaire ne viendra me voir en me jetant les clés d'un loft, aucun employeur ne voudra d'un mec dont l'aspiration est d'en faire le moins possible, aucune fille ne tombe amoureuse d'un type qui ne répond à aucun message. Et les impôts sont les impôts. Je suis donc baisé, du moins à court terme. Quand on est un branleur comme moi, ces versants de la vie agissent comme un insecte qui se serait introduit dans ma boîte crânienne et qui rongerait mon cerveau un peu plus chaque jour. Il ne faut jamais oublier une chose : la vie finit toujours par revenir vous mettre un coup de pelle derrière la tête après vous avoir fait tourner sur un tourniquet géant pendant des mois, vous faisant espérer que tout va bien – comme pour vous rappeler qu'à la fin, c'est elle qui gagne.

Ressources humaines

J'ai compris cette sommation le jour où mon ancien patron – aujourd'hui en train de pratiquer le golf dans un pays exotique en portant une casquette Mercedes sur le sommet de son crâne – m'a dit : « Il y a deux certitudes dans la vie, les impôts et la mort. » Il m'a fallu quelque temps avant de comprendre ce qu'il voulait dire. Il était approximativement 18 h 37 un lundi soir plutôt classique. Sans surprise, les lumières de l'open space me grillaient le cerveau et le seul bruit de fond perceptible était la ventilation censée nous fournir en oxygène et ainsi nous permettre de travailler plus longtemps. La secrétaire de ce même ancien patron est venue me voir et s'est agenouillée à côté de mon bureau pour me parler tout bas, comme si j'étais un enfant à qui il fallait expliquer qu'on doit colorier à l'intérieur des cases. Elle me signifia simplement que j'étais attendu dans une salle de réunion au deuxième étage, avec trois de mes collègues. Nous nous sommes tous les quatre exécutés sans réfléchir, pensant qu'il s'agissait d'un énième projet foireux qu'on allait nous imposer. En arrivant dans cette minuscule pièce sans fenêtre – sans doute pour éviter de s'y précipiter –, l'ambiance était moribonde. Le DRH était là, ainsi que le manager. Tous deux faisaient une tête d'automate et aucune émotion ne semblait se dégager de leur visage. Ils avaient devant eux des documents parfaitement rangés dans des pochettes de couleur qui faisaient très « officiel ». Alors que je pris place sur la dernière chaise disponible, ma direction a signifié à mes trois camarades qu'ils étaient licenciés – avec tout de même un préavis de deux semaines. J'étais le seul épargné. J'eus la même réaction que lorsque quelqu'un vous dit : « Je vais mourir, désolé. » L'un d'eux explosa de rire, sans doute nerveusement puisqu'à mesure que son esprit comprenait ce qui se déroulait sous ses yeux, son visage commença à se ramollir significativement. Les deux autres avaient le regard perdu entre un tabouret en forme de poubelle à papier et une table en bois beige. On nous a bien sûr expliqué que la décision « venait d'en haut » et que : « C'est dramatique, on est d'accord avec vous, mais nous devions faire un choix. » Tous les trois devaient déjà se demander : « Pourquoi pas vous ? » Étonnamment, les supposées restrictions budgétaires touchent invariablement ceux qui coûtent le moins, et sont la conséquence de décisions prises par ceux qui coûtent le plus. C'est comme si pour réduire vos dépenses, votre MacBook Pro Retina 15 pouces vous obligeait à supprimer votre abonnement Netflix à 8 euros par mois. Une fois de plus, je me demandais quelle était la mission des managers. Sont-ils là pour donner les ordres qu'on leur transmet ? Surtout, si la décision venait d'en haut, à quoi servent les managers présents dans cette pièce ? Bien sûr, j'ai voulu faire comme dans les films où le mâle blanc est un être plein de courage et sauve le reste de l'humanité à la suite d'un grand discours plein d'espoir. Je voulais me lever, hurler un bon coup et leur expliquer que s'ils étaient licenciés, je démissionnais sur-le-champ. Un suicide collectif en somme. J'étais prêt à partir en guerre contre le monde du travail, autrement que caché derrière mon écran d'ordinateur à écrire quelques vannes moyennes.

C'est sans réel étonnement que je n'ai pas bougé. Mon courage se cristallisa dans un bafouillage craintif de type : « Vous êtes sûrs ? » Pour le reste, ce ne fut qu'une suite de clignements d'œil entrecoupée de regards perplexes. J'avais l'impression qu'il n'y avait rien à faire et que certaines de mes certitudes venaient de disparaître. À cet instant, je compris que l'anti-ambition n'était pas un bouclier inamovible face à l'existence et que même avec toute la chance du monde dans sa poche, des emmerdes titanesques peuvent surgir n'importe quand. Si cette fois elles étaient tombées juste à côté de moi, je sentais que cette chance serait de courte durée et que pour moi aussi, tout pouvait s'effondrer.

Aurais-je pu éviter cela ? Sans doute. Attila, souverain de l'empire tribal des Huns et chef charismatique qui massacra des milliers de barbares à travers l'Europe, disait : « Critiquer les décisions des autres demande moins de courage que d'assumer les siennes. » Ma décision fut de n'avoir rien fait si ce n'est que constater cette mise à mort sur l'échafaud comme témoin privilégié. Il est apparu clair et justifiable de choisir les moments où il était important d'utiliser la non-ambition pour ne pas tout faire foirer avant même d'avoir commencé, et de parfois sauver ce qui peut l'être. Dans de nombreuses autres situations, être non ambitieux ne fut d'aucune aide et j'ai simplement été dans l'obligation de subir. Ainsi, ranger ma non-ambition au fond de mon sac est parfois inévitable. Mais cela ne m'empêche pas de conserver un plan à long terme quant à cette dernière. Voyez cela comme une fausse identité. Je suis parfois un indic sous couverture dans un monde que je hais, et l'objectif est de mieux l'apprivoiser pour ensuite injecter tout mon venin une fois mes griffes solidement plantées dans ma proie et de le détruire de l'intérieur. La quête finale étant de gagner ma liberté au prix de quelques sacrifices. D'ordinaire, ces situations sont sujettes à la souffrance physique, psychologique, au manque de fric et à des choses pour lesquelles on s'engage dans la vie – comme une soirée à thème dans le XVe arrondissement de Paris. Certaines demandent une ambition temporaire, quand d'autres requièrent une soumission également temporaire – parfois les deux.

Attendre

Se rendre chez le dentiste est comme mettre un pied en enfer. C'est un lieu sans odeur, sans esthétique et où ne règne que la souffrance de la chair plus ou moins consentie. Un peu comme pour les orages, j'ai longtemps pensé que ma peur des dentistes finirait par s'estomper avec le temps, la maturité et l'acceptation du vieillissement de mon corps. Allez savoir pourquoi, mais j'ai toujours cru que les vieux ne ressentaient plus rien. Anesthésié par l'arrivée certaine de la mort, leur corps se serait automatiquement déconnecté de leur cerveau pour leur permettre ainsi de vivre les derniers rayons de soleil de leur existence sans peine. Mais non, la vie est une affliction jusqu'au dernier souffle. La dentisterie en est la preuve, mais elle est surtout une anomalie de notre temps. En 2018, nous avons envoyé la sonde InSight à 56 millions de kilomètres de la Terre pour se poser sur Mars afin de prendre des photos et récolter de la poussière ; la sonde Rosetta, a, quant à elle, envoyé des images de la comète Tchouri, lancée à la vitesse de 44 kilomètres par seconde ; et la Chine a envoyé une sonde pour la première fois sur la face cachée de la Lune. À côté de cela, le spécialiste de l'intelligence artificielle Laurent Alexandre nous promet l'immortalité dès 2050 (juste à temps pour moi) et Elon Musk veut construire un ascenseur pour l'espace. Nous avons même la climatisation dans au moins la moitié des lignes de métro de France et le ticket de métro doit bientôt disparaître. Malgré ces prouesses technologiques, se faire soigner par un dentiste ressemble toujours à une séance de torture médiévale proche de celle que l'on voit à la fin du film *Braveheart* avec Mel Gibson ou dans un épisode de *Game of Thrones*. Et c'est le cas depuis la nuit des temps, rien ne change et la population se tait face à cette absurdité. Lorsque j'évoque ma peur des dentistes à mes parents, il leur arrive très souvent de se moquer de moi en me racontant comment c'était à leur époque. Alors que je les écoute attentivement me parler de roulette, de sang et globalement de supplice, je ne vois pas vraiment la différence avec aujourd'hui. Me rendre chez le dentiste est un acte de soumission extrême où la non-ambition ne m'est d'aucune utilité.

Dès le premier coup de téléphone, la terreur m'envahit. Au moment où le secrétaire médical décroche le combiné pour me proposer un créneau, j'entends en fond ce qui semble être un humain en train de hurler de douleur sous les bruits métalliques d'une imposante machine. Celle-ci produit le même son qu'une scie circulaire qui s'attaque à une paroi de tôle. Annuler sur-le-champ me vient toujours en tête, mais ma culpabilité et mon incompétence médicale me rattrapent. Je souffre d'une rage de dents depuis plusieurs jours, et vivre dans cet état m'est impossible. Feindre que tout ça m'est bien égal est impossible. L'anti-ambition m'a sauvé tant de fois, mais ici elle ne peut rien. Au mieux, je me jette sous un bus scolaire sur la route de l'école pour abréger mes souffrances ; au pire, je perds mes dents une à une et j'agonise lentement dans mon lit. Le concept « d'aller se faire soigner » chez le dentiste est un peu différent des autres médecines, puisqu'il implique toujours de subir une douleur extrême. C'est la seule médecine qui, pour vous soigner, vous fait davantage de mal que ce que vous ne subissez déjà. Ou alors est-ce pour cela que les dentistes ne sont pas considérés comme des médecins ?

Commence alors l'attente jusqu'à mon rendez-vous, où chaque nuit est interrompue par un cauchemar où un chauffeur Uber vient me réveiller et me traîne de force jusqu'au cabinet pour m'y faire poser une couronne avec les initiales PD inscrites dessus – en rapport avec les initiales de mes nom et prénom. Si vous riez ici, merci d'aller vous faire foutre. Chaque jour, je pense à tout annuler, mais pour me convaincre de me rendre à mon rendez-vous, je fais confiance à Fiodor Dostoïevski, qui écrivait que « la souffrance est l'unique cause de la conscience ». Comprenez par là : vivre, c'est souffrir. Lors de mon trajet vers le cabinet, je suis dans la même situation que lorsque je me rends à un rendez-vous avec Gladys, à un contrôle des testicules à la suite d'une déchirure musculaire de la cuisse (pour éviter une phlébite, je précise) ou à une soirée d'anniversaire dans un bar trop éclairé. Je marche lourdement, cherchant une issue de secours. J'ai le sentiment que tout le monde sait, mais que personne ne veut venir me sauver. Je suis une victime que l'on abandonne à son triste sort, sans doute par peur de s'en mêler. Chaque pas supplémentaire est accompagné d'une accélération de mon rythme cardiaque. Tel un condamné à mort, je me rapproche inéluctablement de mon funeste destin. J'ai accepté ma sentence. Mon système psychomoteur agit de manière autonome. Voyant mon âme se noyer dans la peur, mon corps décide de prendre seul le contrôle afin de me faire arriver à destination sans interférence. Il s'agit sans doute là d'un mode de survie qui s'active automatiquement lorsque je refuse de me soigner.

En arrivant devant la porte de l'immeuble, je constate une fois de plus que tous les cabinets dentaires se trouvent dans des bâtiments moches. Tout y est monacal et abrupt. La lumière ne semble pas parvenir à pénétrer dans ce lieu, comme si le Mal s'y était installé. Le silence règne dans le hall et le tapis rouge qui recouvre les escaliers est sale. Dans le couloir du deuxième étage où se situe le cabinet, il y a de la moquette beige sombre parsemée de petits trous liés à l'usure. La porte pour entrer est en bois. En la passant, je me retrouve face à l'accueil où la personne en charge de recevoir les patients est vêtue d'une blouse d'infirmier ; pour se protéger du sang, me dis-je. Après s'être assurée que je dispose de ma carte vitale et « d'une bonne mutuelle », elle m'invite à patienter dans la salle d'attente.

Peu de lieux engendrent une telle angoisse à l'être humain qu'une salle d'attente de dentiste. Chaque fois, le même frisson me parcourt la colonne vertébrale dès lors que j'entends derrière la porte le patient précédent subir ce qui semble être la mise en marche d'une chaîne de montage fordienne dans sa bouche. Je l'entends se débattre, émettre des sons étouffés et frapper les meubles à proximité comme pour se savoir si tout ça est bien réel. Puis soudain, plus rien. *Est-il mort ?* Son corps est-il déjà en train de se dissoudre dans un bac prévu à cet effet ? Je tente par tous les moyens de me changer les idées et décide naturellement de profiter des magazines qui sont à disposition. J'ai le choix entre un *Paris Match* de 2015 avec en une Stéphane Bern et un *Santé Magazine* du mois dernier sur les risques de subir un cancer de la prostate après quarante ans. Le numéro consacre un dossier spécial aux nouvelles formes de détection et à la vulnérabilité des hommes qui boivent plus de dix verres d'alcool par semaine. Proche du désespoir, je regarde autour de moi pour chercher une quelconque forme de consolation ou d'appui. Malheureusement, les personnes qui m'entourent ressemblent fortement à celles que j'ai croisées sur l'aire d'autoroute de Taponas. Toutes sont d'un âge avancé et semblent capituler face à la situation. Leurs visages sont pâles et les bruits de ferraille et les supplices du patient qui émanent de la pièce voisine ne les affectent pas un seul instant. Ils sont résignés face à ce qu'ils sont : de pauvres mortels qui s'efforcent de repousser la mort le plus longtemps possible. J'ai le bourdon et je suis enfermé ici. En faisant le bilan de ce qui m'entoure pour meubler cette attente infinie, une seule chose me vient à l'esprit : créer une pièce parfaitement rectangulaire entourée de chaises toutes identiques, poussant ainsi ses occupants à se placer chacun face à face et donc à se dévisager, est une torture en soi. Mais pourquoi les installer ainsi ? Alors que les hurlements viennent de s'estomper dans un dernier soupir, une explication me vient en tête : dans tous les lieux de souffrance et de mauvaises nouvelles, il convient de se préparer psychologiquement à vivre un choc émotionnel et physique. Chez les pompes funèbres, il n'y a ni pouf ni phrase inspirante sur les murs de type « Do What You Love ! ». C'est la même chose dans les brasseries moches, les salles d'entretien d'embauche et à l'intérieur de toutes les administrations françaises – en gros, partout où l'on vous inonde de mauvaises nouvelles. Cette disposition propice au dialogue encourage aussi des gens qui ne se connaissent pas à se dire « Messieurs-dames » en entrant dans la pièce. Chaque fois que cela se produit et que je me trouve déjà dans la salle d'attente, je le mime avec ma bouche, mais aucun son ne sort, ou peut-être seulement la fin de la phrase.

Plus le temps passe, plus j'ai l'impression d'être coincé dans un enfer moyen, celui destiné à la classe moyenne pour les faire s'emmerder jusqu'au bout. Après un bref silence où la vie ne m'a jamais paru aussi morte, la porte s'ouvre. Une femme portant un masque chirurgical apparaît. Pris de panique, j'eus un mouvement de recul. Elle semble épuisée et suintante. Je ne peux même pas discerner son visage, comme si elle voulait conserver un certain anonymat en raison de sa qualité de bourreau. C'est la dentiste. Mon cœur et ma respiration se coupent. L'attente est insoutenable, et je reste pendu à ses mots, attendant la sentence. « Monsieur George, c'est à vous. » À cet instant, je me rappelle que mon nom de famille est Douard, et que, de toute évidence, il ne s'agit pas de moi. Je vais donc devoir encore attendre. Ma seule réaction est un sourire crispé comme signe de soumission à mon tortionnaire du jour qui prend un malin plaisir à jouer avec mes nerfs.

Horace écrivait que « la patience adoucit tout mal sans remède » pour expliquer que l'attente doit être acceptée et vécue comme une épreuve et non comme un châtiment. Soit, mais Horace n'a sans doute jamais attendu dans une salle d'attente de dentiste et encore moins qu'Emma daigne répondre à mon dernier texto qui pourtant, pour ne laisser aucun doute, comportait un point d'interrogation à la fin. L'attente d'un message est la souffrance qui se rapproche le plus de la salle d'attente du dentiste. Au XXIe siècle, la détresse de l'Homme se trouve dans un message laissé sans réponse, et il n'existe aucune autre peine qui lui arrive à la cheville. Cette contrariété surpasse très largement celle de la faim dans le monde, de l'extinction des tortues centenaires ainsi que celle de la poignée mouillée des toilettes du bureau qu'il faut affronter une ou deux fois par jour parce que certains ne souhaitent pas s'essuyer les mains. Comme pour toutes les choses pour lesquelles je prétends n'avoir aucun pouvoir, j'ai bien sûr moi-même provoqué cette attente. Si certains esprits prient et signent des chèques de dons à l'ordre de l'Église catholique, terrifiés par l'attente du Jugement dernier et des Chevaliers de l'Apocalypse qui l'accompagnent, je fais, quant à moi, les cent pas dans mon appartement depuis trois jours en espérant une réponse d'Emma. Faire les cent pas dans un appartement de vingt-cinq mètres carrés constitue un concept bien à part. Cela se résume à changer de direction tous les trois ou quatre pas, tout en se butant contre des meubles Ikea qui occupent l'intégralité de l'espace. Ces misérables errements durent déjà depuis trois jours, date de la dernière réponse d'Emma.

J'ai rencontré Emma dans un bar minable du XIe arrondissement en plein mois de novembre. C'était clairement un bar de gauche, car tous les bars de gauche sont très peu éclairés et la décoration repose essentiellement sur des fausses coupures de journaux collées aux murs. L'allure dépravée du lieu laisse à penser que les prix sont attractifs, mais il n'en est rien. C'est cher et les serveurs sont désagréables avec tous ceux qui ne sont pas « des habitués ». C'était à l'époque où l'ensemble des salariés de l'entreprise pour laquelle je travaillais sombrait petit à petit dans la folie et ne voyait donc aucun inconvénient à boire sans limite un mardi soir afin d'oublier l'affliction de la vie professionnelle. J'étais donc ivre avant vingt et une heures et mon corps errait difficilement dans le bar, cherchant un point d'appui. Puis, Emma entra dans le bar. La première chose qui faisait sens à mes yeux est qu'elle n'avait rien à faire là. Son allure quasi angélique et l'état parfait de son visage confirmaient qu'elle ne travaillait ni dans les médias ni dans la restauration. Sa douce voix ainsi que la manière dont ses yeux avaient de s'écarquiller à mesure que je racontais des trucs inutiles auraient pu me pousser à devenir un martyr pour un gourou quelconque. C'était une amie de collègue. Elle se trouvait ici, car elle non plus n'était pas vraiment satisfaite de sa vie. Après avoir raconté des choses inintéressantes et fait semblant de comprendre de quoi elle me parlait, nous nous sommes retrouvés à nous embrasser devant une bouche de métro. Elle me donna son numéro et disparut dans les méandres du métro parisien. Avait alors commencé une relation épistolaire plate, faite de : « Ah, ah carrément ! », et de : « Du boulot, mais ça va », entrecoupés d'instants de stress. Dans les films romantiques, il s'agit là du départ d'une belle histoire où le concept d'attente n'existe pas. Dans ma réalité, ce fut le départ d'une descente aux enfers qui me conduit jusqu'ici, à scruter mon téléphone toutes les cinq secondes. Selon mes statistiques personnelles basées sur les dix-sept messages échangés dans la semaine, elle répond habituellement dans une fenêtre de une à quatre heures. Ce délai était déjà explosé, et toujours rien.

À partir de cet instant, chaque notification s'affichant sur mon téléphone correspondait à un centimètre supplémentaire d'une épine métallique froide enfoncée dans mon urètre, déclenchant chez moi un léger sursaut incontrôlé. Si voir l'écran de mon smartphone s'allumer faisait renaître en moi l'espoir d'une réponse, il fut aussitôt démoli lorsque s'afficha « Thierry » sur l'écran – mon voisin de palier qui me demandait si j'étais prêt à signer sa nouvelle pétition contre les récentes nuisances sonores dans le quartier. Parfois, il s'agissent d'un message de mon père qui venait d'acheter un nouveau moteur pour son bateau ou d'un récapitulatif de l'état de mes comptes bancaires gentiment envoyé par Gladys. Chaque fois, je prenais mon oreiller pour hurler à l'intérieur, puis je respirais un grand coup. Je découvrais alors l'adversité de l'existence humaine : l'attente. Et qu'elle n'était pas réservée aux salles d'attente de dentiste où je me trouvais. Avant de devenir ce pitoyable être humain, je me sentais déjà pris dans un engrenage. Chaque message que je lui envoyais nécessitait des heures de réflexion afin de me faire passer pour une personne à la fois drôle et détachée – je veux dire, une façon comme une autre de ne pas avoir l'air d'une grosse merde – mais finissait inexorablement par un lamentable : « Ça marche ! » Sénèque disait dans *De la Brièveté de la vie* : « Le plus grand obstacle à la vie est l'attente, qui espère demain et néglige aujourd'hui. » C'est un excellent résumé de ce que je vivais à cet instant. Alors que le philosophe devait (je l'imagine) attendre des mois avant de recevoir une réponse à une lettre, je ne peux pas supporter les heures d'attente assourdissantes à mon dernier texto. Ma vie s'arrête. Je ne mange plus, je ne pense plus et je n'arrive même plus à me masturber correctement car mon pénis reste mou et fade, à l'image de mon corps tout entier. N'importe quelle activité dans laquelle je me lance n'a de sens que pour me faire patienter. D'une certaine façon, me rendre chez le dentiste devait me faire penser à autre chose – du moins à une autre souffrance, comme lorsque le médecin vous gifle au moment de vous remettre l'épaule en place. Dans les deux cas, j'attends qu'une personne se tourne vers moi. S'il n'existe aucune solution pour lutter contre l'attente de la dentiste, j'ai pourtant tout essayé pour lutter contre le silence d'Emma. Comme n'importe quelle personne désespérée, je m'apprêtais à faire des choses stupides.

Voyant le malheur arriver, j'ai songé à m'y précipiter en forçant sa réponse. Pour cela, j'avais commencé à chercher – et à inventer – une raison de lui écrire et, bien sûr, elles sont toutes plus débiles les unes que les autres. Misérable et naïf comme je suis, je m'imaginais que si elle ne répondait pas, c'est qu'il y avait forcément un problème technique. Elle n'avait peut-être pas reçu mon message et envoyer un : « Hey, je ne capte pas trop alors je ne sais pas si tu as reçu mon message (smiley sourire) » n'était pas si idiot. J'écartais rapidement cette possibilité qui me ferait passer pour, au mieux, un gros con et, au pire, un détraqué sexuel en plein sevrage. Proche du gouffre, j'échafaudais alors quelque chose de « plus légitime » à lui demander, comme : « Au fait, je ne suis pas à Paris semaine pro. Enfin tu me diras (smiley sourire). » Si j'avais pressé le bouton envoyer après avoir écrit ça, me faire traîner derrière un semi-remorque après être allé chez le dentiste serait un plaisir à côté de la gêne que j'allais subir pour l'éternité. Lorsqu'on se retrouve seul face à un message laissé sans réponse d'une fille qu'on aime bien, l'envie de se plaindre et d'obtenir des réponses surgit. Il est vrai qu'en y réfléchissant, pourquoi une personne ne voudrait-elle pas me répondre ? Naturellement, je me suis tourné vers mes amis, car ils « sont là pour ça ». C'est alors que j'ai commencé à détruire toutes les soirées en coupant n'importe quelle discussion par : « Ouais, comme Emma qui ne répond jamais… », créant ainsi une atmosphère austère autour de moi. Le problème avec les amis, c'est qu'ils finissent toujours par vous décevoir. Ainsi, les écouter n'était pas la solution. Demander à ses potes ce qu'il faut répondre à une *target* est comme se rendre sur Doctissimo lorsque vous avez un rhume : vous allez comprendre que personne ne sait rien et que c'est pour ça qu'on a inventé les diplômes et la philosophie.

Non pas que mes potes soient particulièrement idiots ou malhonnêtes, mais je me rendis vite compte qu'ils avaient tous un avis différent qui ne fit que me plonger un peu plus dans l'aliénation mentale. D'ailleurs, je fus agréablement surpris de constater qu'ils avaient déjà toujours vécu cette situation. Leur regard vide lors de cette discussion laissait penser que je leur rappelais des heures sombres de leur vie. De toute évidence, si une solution existait, il y aurait un rayon dédié à la Fnac. Enfin, l'un d'eux se trouvait dans la même situation que moi au même moment. C'est alors que nous avons comme fusionné pendant toute cette période d'attente. Tels deux prisonniers enfermés dans la même cellule, nous ne parlions que de nos histoires respectives sans jamais écouter l'autre. Malgré cela, il nous arrivait de temps à autre de nous permettre un conseil sur la situation de l'autre. Pris d'une psychose généralisée quand il s'agissait de penser à Emma, je faisais preuve d'un surprenant recul et d'une maturité hors norme lorsqu'il s'agissait de lui dire : « Franchement, attends un peu, mec, t'es en position de force et, au pire, tu lui fais comprendre que tu as autre chose à faire qu'attendre » – alors que j'étais de mon côté totalement détruit et donc incapable de mettre en pratique mon conseil. Nous nous tenions au courant plusieurs fois par jour du succès de nos stratégies pour faire plier notre adversaire. Le visage défiguré par la tristesse et l'incompréhension, je commençais à émettre l'hypothèse que tout ça pourrait être en réalité de ma faute. Oui, moi, cet être idiot qui a encore cru tout savoir de la vie. Tel un insecte captivé par un lampadaire, j'étais suspendu à mon smartphone dans l'obscurité de mon studio, relisant l'ensemble des messages que nous nous sommes envoyés. Avec mon complice, nous analysions chacun de leurs messages au caractère près, après les avoir relus deux mille fois pour y déceler un indice tels des enquêteurs. Nous dissertions sur l'une de ces réponses qui ne comportaient pas de majuscule au début. A-t-elle voulu écrire autre chose avant de changer d'avis ? A-t-elle écrit à la hâte pour se cacher ? L'angoisse me submergeait systématiquement. Plus les messages défilaient, moins elle semblait enjouée. Pour émettre cette idée, je me basais bien sûr sur le nombre de points d'exclamation et autres utilisations de smileys. C'était pathétique. Avoir un complice qui vit la même chose est la pire des solutions, car cela provoque une spirale autodestructrice. C'est comme traîner avec votre pote qui lui aussi ne fout rien au lycée, ça n'a jamais donné des prix Nobel.

Je me sentais si démuni que je pensais me donner la mort. Après un bref moment de vide, les cris dans la salle d'opération du dentiste reprirent de plus belle. C'est alors que je songeai plutôt à écrire aux amies d'Emma – que j'ai croisées une fois et ajoutées sur Facebook, Instagram, Twitter et Snapchat le soir même. Tel Alexandre le Grand aux portes de Babylone, il me fallait un stratagème pour les approcher, les séduire et obtenir des informations capitales. Au sommet de ma réflexion, je pris la décision de débarquer par messages en demandant des nouvelles, puis lorsque la discussion aurait atteint le point fatidique où plus personne n'a rien à dire – souvent après le : « Ouais ça va, pas mal de boulot » –, j'allais jeter mon venin en demandant des nouvelles d'Emma. C'était le début de la fin. Non seulement j'ai vite compris qu'elles savaient des choses (et moi non), mais surtout qu'elles ne me diraient rien. Si cette vive douleur ne suffisait pas, j'ai également pris conscience que je ne suis pas le centre du monde. Plus grave encore, elles pourraient être tentées de me lancer par-dessus le mur des bribes d'informations pour me calmer – pour nourrir la bête et l'endormir, en somme. C'est exactement ce qui est arrivé. Proche de la tétanie, je m'imaginais comme un chiot qu'on a abandonné sur le bord d'une route – ce qui prouve que je n'ai rien compris. Toujours lancé sur la route de l'hypocrisie, j'ai fini par dire à tous mes potes : « C'est bon, je n'attends plus rien d'elle », et que : « Je passe à autre chose » car : « J'ai autre chose à faire qu'attendre qu'elle réponde. » Ah oui, comme quoi ? Mes occupations se partagent entre rester allongé sur mon lit à regarder le plafond et boire des bières tièdes – le tout entrecoupé quelques parties de *Red Dead Redemption 2* où j'approche les quatre-vingt-dix heures de jeu. Je pris conscience que je n'étais qu'une merde qui ne supportait pas d'attendre. Alors que j'avais passé le plus clair de mon temps à attendre que la vie se charge de me sortir de mes situations périlleuses, j'allais cette fois comprendre que je ne pourrais rien y faire ici.

Tous les ans, les magazines généralistes aiment présenter à leurs lecteurs une série de statistiques sur le temps que nous passons à faire certaines activités communes sur une année. Des choses bien souvent assez nulles, telles que le temps que l'on passe en réunion à se faire chier, le temps que l'on passe assis sur les chiottes ou encore le temps à attendre face à un feu rouge qui semble bloqué. Censées nous faire réfléchir sur le sens de notre existence et la rentabilité de notre temps, ces statistiques ne prennent en compte que des moments de vide, ceux où personne ne réfléchit vraiment. Ces moments ne sont pas provoqués par les personnes eux-mêmes, mais sont simplement des étapes de la vie qu'il faut subir de manière quasi quotidienne. Pourtant, aucune statistique ne me dit combien de temps j'ai passé à attendre qu'Emma me réponde. Alors que je scrute une énième fois mon téléphone en espérant un signe d'Emma, la dentiste entre de nouveau de la salle d'attente et prononce mon nom. Je me lève et marche lentement vers mon tortionnaire.

Quand j'entre dans le cabinet, il y a toujours une assistante (ou un assistant, si vous voulez) qui me jette un regard compréhensif, comme si on s'apprêtait à m'éviscérer – mais pour mon bien. Tout ce qui est présent dans cette pièce est synonyme de douleur, déjà parce que tout y est beige. Pour moi, l'enfer est avant tout la couleur beige, comme le canapé Conforama dont la piètre qualité des coussins provoque un éternel glissement du fessier vers le vide. Il n'y a aucune odeur naturelle, seulement des relents de produits chimiques et de transpiration dégagée par la souffrance des précédents patients. Sur les meubles traînent de fausses dents que je n'ose fixer du regard par peur de me transformer immédiatement en l'une d'elles et finir greffé dans la bouche d'un inconnu. Finalement, je suis bien obligé de m'allonger sur ce fauteuil de torture, m'infligeant ainsi cette étrange lampe ovale qui trône au-dessus de moi. J'ai toujours été stupéfait par cette lampe qui chaque fois m'éblouit sans vraiment m'éblouir – je me suis toujours demandé comment. C'est alors que le calvaire psychologique laisse place au véritable châtiment.

Ma dentiste me demande si ça va, tout en testant ses instruments tel un bourreau qui ferait chauffer sa lame. Elle commence par faire tourner sa roulette pour être sûre qu'elle fonctionne parfaitement. À cet instant, je prie pour m'évanouir. Au lieu de ça, j'ai une personne âgée penchée au-dessus de moi qui insère ses doigts en latex dans ma bouche et se plaint parce que celle-ci ne s'ouvre pas plus. Semble-t-il, l'intégralité des dentistes pense qu'une bouche est extensible à l'infini. Plusieurs fois, cette dernière me demande : « Ça va ? » Ne pouvant pas répondre car étant en train de m'étouffer avec ma propre salive tout en luttant contre la douleur, je ne fais que jeter un regard qui signifie juste que je suis vivant et que je veux sortir d'ici. Rassurée, elle reprend. Puis le supplice psychologique est à son paroxysme lorsque la dentiste repose ses instruments pour, j'imagine, faire une pause. Pour avoir interviewé des gens qui estimaient s'être fait enlever par des extraterrestres, je me demande s'ils n'étaient pas en fait chez le dentiste. Tous m'expliquaient s'être réveillés sur une table froide alors que des personnes pratiquaient sur eux des expériences. Alors que je croyais mon calvaire terminé pour de bon, la dentiste s'exclame : « Bon, j'ai nettoyé autour de la dent, c'est tout. On va pouvoir s'attaquer au nerf. » À cet instant, ma main droite agrippe l'accoudoir, mon corps se crispe de nouveau et je repense à toutes ces fois où des gens m'ont dit : « Le dentiste ? Ça vaaaa, mec ! » Mourez, tous autant que vous êtes.

Une fois ma damnation exécutée, je reprends mes esprits et par la même occasion goût à la vie. Pour peu que vous soyez comme moi, c'est-à-dire que l'anesthésie agit difficilement, un simple nettoyage de gencives vous transforme en un chameau incapable d'articuler le moindre mot. Mon corps est meurtri et je n'ai qu'une envie, rentrer chez moi et me laisser mourir. Marchant péniblement jusqu'à l'accueil pour régler cette soumission, l'assistante me dit : « Allez, la prochaine fois, il faudra être courageux ! » Il me reste quatre rendez-vous, et ma seule ambition est d'y survivre. En quittant le cabinet, la bouche ressemblant à un steak haché, mon téléphone vibre. C'est Emma. Pris de panique, mes gestes sont si désordonnés que je n'arrive pas à déverrouiller mon téléphone. J'y parviens finalement au bout d'un effort surhumain. Je lis : « Salut Paul, bien sûr pour un café semaine prochaine ! »

Gagner de l'argent

Jérôme vient souvent interrompre mes séances de téléchargement illégal hebdomadaires qui sont une partie importante de mon bonheur. Logé dans sa petite fenêtre pop-up, son crâne luisant vient brusquement s'afficher sur mon écran d'ordinateur dès lors que je navigue sur des sites tendancieux dans le but d'acquérir gratuitement une œuvre culturelle forte et poignante telle que *Transformers 3* ou la trilogie *Die Hard* en haute définition. Il se situe souvent entre les publicités de Viagra : « Agrandissez votre pénis de 5 centimètres en 5 jours » ; et les classiques : « Envie de baiser près de chez toi ? » sur lesquelles une femme ronde gesticule en string pour, je l'imagine, m'exciter. Ma seule préoccupation sur l'instant est de manger des tartines de Boursin devant un film et d'oublier la notion de monde extérieur. Jérôme porte un casque de téléopérateur sur sa tête et ressemble à un expert-comptable des années 1990 – c'est du moins l'image que j'en ai. Il se trouve face à son bureau vide, sans doute pour donner un côté *self-made-man* à son jeu, mais sa calvitie prononcée et sa chemise Armand Thierry laissent tous deux penser qu'il est sans emploi depuis 1997 et sans doute inscrit au fichier des délinquants sexuels. Après s'être présenté comme le ferait n'importe quel programme informatique de base – « Bonjour, je m'appelle Jérôme » –, un graphique à la fois complexe et illogique s'affiche doucement à côté de lui accompagné de l'acronyme Forex pour *Foreign exchange market*. Le Forex est le marché sur lequel s'échangent toutes les devises du monde et donc le lieu où se battent beaucoup de *traders* qui, de toute évidence, ne ressemblent ni de près ni de loin à Jérôme. Le truc, c'est que Jérôme affirme connaître une méthode simple pour me faire gagner au moins 1 000 euros pour jour sans rien faire. N'y prêtant habituellement pas attention, je décide cette fois de lui laisser sa chance en laissant son spot publicitaire se dérouler sous mes yeux. Après tout, quoi de mieux pour un non-ambitieux que de gagner de l'argent sans rien faire ? L'idée est séduisante et ce serait une consécration en somme.

Sa vidéo est aussi étourdissante qu'une séance de code de la route. Tout est lent, moche et propice au pessimisme. Sa voix est robotique, de même que ses mouvements. Il suggère d'investir 100 euros tout de suite sur le site de son choix – avec un bon de réduction m'octroyant 20 euros supplémentaires – et de « gagner tout de suite sans perdre ». Tout ça a l'air assez simple. Selon lui, le Forex est une mine d'or : il suffit d'observer les courbes des différentes devises. Si l'une d'elles grimpe, il faut acheter. Si l'une d'elles baisse, il faut vendre. Et voilà, le tour est joué et je suis riche. Oui, j'ai hésité, plusieurs fois. Un peu comme au casino, on se dit : « Tous ceux qui ont gagné ont joué. » En effet, c'est assez juste. Mais au moment de cliquer sur son lien surligné en jaune fluo et clignotant si fort qu'une crise d'épilepsie aurait pu être envisageable, j'ai eu une vision. Moi, dans vingt ans avec une calvitie, portant une chemisette à carreaux comme uniforme de travail dans ma concession Citroën du Limousin. Proche de la crise d'angoisse, je lançais le téléchargement de *Die Hard : Piège de cristal*. Je restai toutefois interloqué, car si cette méthode est si simple, pourquoi personne ne se jette dessus ? Une raison assez simple apparaît : Jérôme est un escroc. Il ne connaît sans doute rien de ce qu'il raconte et cherche simplement à faire de l'argent en arnaquant quelques dégénérés nécrosés à la *weed* qui se voient déjà vivre dans une villa de Marbella. Il est impossible de gagner de l'argent sans rien foutre, ou presque. Les rares personnes qui peuvent prétendre avoir atteint ce niveau sont les actionnaires de L'Oréal, les directeurs créatifs d'agences de pub et tous les galeristes d'art qui passent leurs journées derrière un immense iMac à jouer aux cartes dans l'attente qu'un nouveau riche vienne acheter leur dernier chef-d'œuvre : une tache rouge sur une toile blanche. Pour les autres, c'est-à-dire tout le monde, nous sommes condamnés à passer par la case entretien d'embauche afin de prouver à des personnes que l'on mérite ce misérable salaire. Cela implique une certaine ambition, puisque se rendre à un entretien d'embauche sans plan est une perte de temps. C'est exactement ce que j'ai fait. L'anti-ambition ne va pas me trouver le job de mes rêves sans que je bouge le petit doigt. J'ai donc parfois été dans l'obligation de passer des entretiens d'embauche et de tout faire pour décrocher le job – même si ce dernier ne m'intéressait pas. Oui, j'ai donc mis de côté mes principes. Mais que voulez-vous faire ? Ceux qui disent : « On verra, je trouverai un jour ma voie » finissent souvent dans un festival de techno à consommer de la MDMA avec des inconnus jusqu'à mourir seul dans une benne à ordures. Il m'a fallu une nouvelle fois être ambitieux temporairement. Désolé.

Les entretiens d'embauche constituent l'une de ces étapes essentielles et destructrices de la vie auxquelles on ne peut échapper. Ils sont une bulle de malheur, d'angoisse et de tourments que chacun d'entre nous doit traverser au moins une fois dans sa vie. Ils représentent tout ce qu'il faut anéantir dans notre monde : le jugement, la productivité et les meubles de couleur beige. Je ne l'ai pas précisé, car ça me paraissait évident, mais j'ai passé des entretiens pour chaque boulot que j'ai occupé. De la grande agence de communication où j'écrivais des biographies minables à *Vice* en passant par une sombre « boîte de prod » dirigée par un junkie agressif et détraqué sexuel, j'ai dû m'asseoir chaque fois à une table et raconter des choses à des gens qui cherchaient un jeune productif et malléable à souhait. Entre ces trois propositions, l'entretien pour l'agence de communication fut clairement celui où j'ai dû le plus souffrir ainsi que me prostituer. Sans doute parce que c'était autant mon premier job que celui que je détestais le plus. J'y étais parce que j'avais besoin d'argent et qu'à cette époque, je croyais ce milieu « cool ». Il ne l'était évidemment pas. Mais ce qu'ils ne savaient pas, c'est que je jouais un rôle. Si j'avais le poste, je devais continuer à être un travailleur modèle pendant la période d'essai. Puis une fois celle-ci terminée, je pouvais mettre en place ma non-ambition.

La quasi-totalité des entretiens auxquels j'ai participé dans ma vie se sont déroulés de la même façon. Au départ, je candidate à un poste dont je ne comprends pas bien les missions, mais dont le salaire pourra me convenir. J'adapte donc mon CV et ma lettre de motivation pour feindre le contraire. Sans mentir, il suffit parfois de modifier quelques mots-clés en fonction du site Internet de l'entreprise, ou du compte Twitter des personnes qui y travaillent. Les recruteurs et autres managers fonctionnent comme des robots qui puisent leur humanité dans des algorithmes. Il suffit donc d'écrire les mots qui sont présents dans leurs bases de données pour déclencher une réaction. Faire de belles phrases est bien souvent inutile lorsqu'il suffit d'écrire les termes « disruptif », « pro-actif » et « force de proposition ». Ce sera la même chose pendant la phase de l'entretien. Celui-ci ne fit pas exception. À partir de cet instant, j'ai déjà dû abandonner ma non-ambition naissante pour me lancer sur l'autoroute du travailleur moderne prêt à tout pour rejoindre le monde de l'entreprise. Pour une candidature sur cent, une personne du service des ressources humaines – souvent une femme qui se prénomme Sylvie ou Élodie – me contacte pour me proposer un rendez-vous. Au téléphone, je tente de prendre une voix mature, synonyme de confiance en soi et de loyauté. Je ne sais pas vraiment à quoi ressemble cette voix, mais disons que je prends un ton plus grave et j'appuie sur certains mots, comme pour parler à Gladys. Bien sûr, on me propose deux créneaux horaires, les plus horribles : 9 h 30 ou 18 h 30. Pour le premier, je risque d'être trop fatigué ; pour le second, je risque d'être trop fatigué. Comme pour les visites d'appartement, les entretiens se font toujours à des horaires où les risques de tomber sur les voisins psychopathes sont minimes. J'accepte sans même imaginer une quelconque négociation et je choisis 18 h 30. Après tout, j'ai besoin de ce travail. S'ensuivent quelques jours d'angoisse sur comment vais-je m'habiller, comment vais-je sourire sans avoir l'air d'un pédophile en sursis, et vont-ils me poser des questions sur où je me vois dans cinq ans, sachant que je ne suis pas capable de me projeter au-delà des prochaines vingt-quatre heures ?

Le jour J, tout se passe comme dans les manuels sur la dépression. Il pleut, mon visage est gris et mon sourire paraît si asymétrique que l'on pourrait croire que j'ai eu un AVC sur le chemin. En arrivant sur les lieux, je ne fais face à aucune surprise. Les bureaux sont moches. On dirait un bureau de poste dans lequel on a ajouté des gens de moins de cinquante ans et des canapés rouges pour créer *une ambiance*. Après avoir franchi l'accueil, je suis convié à attendre sur une chaise inconfortable – les mêmes que l'on trouve dans les salles d'attente de la CAF, du lycée ou de n'importe quel établissement public –, le tout au milieu d'un open space. Des néons assourdissants habillent le faux plafond, une moquette grise jonche le sol et des salariés pâles occupent l'espace entre les deux. L'unique bruit de fond est un léger pianotage général et désorganisé d'esclaves modernes rédigeant des communiqués de presse qu'aucun journaliste ne lira. *J'en sais quelque chose.* Assis sur ma chaise avec les deux coudes enfoncés dans mes cuisses, je tente de trouver une occupation sur mon téléphone. Je tape des mots-clés idiots sur Google de type « communication éditoriale » dans l'espoir d'avoir des choses à raconter dans les prochaines minutes afin de sceller définitivement mon avenir. Pris d'un léger étourdissement, je me demande si ce n'est pas ça, l'entretien d'embauche : regarder les autres travailler, c'est-à-dire voir ce que l'on va devenir pendant des heures et ne pas craquer. Les salariés en face de moi semblent au bord du gouffre. L'un d'eux tourne la tête dans ma direction et mime un sourire crispé, qui ne semble ne rien vouloir dire d'autre que : « FUIS ! » Je lui réponds par le même sourire crispé, accompagné d'un hochement de tête un peu nul. Je sentais bien au fond de moi que jamais je ne pourrais être heureux dans un pareil endroit. La décoration présageait le type de boulot : infernal. La plupart des entreprises qui noient leurs bureaux sous les poufs Fatboy, les salles de ping-pong et autres murs à craie où chacun peut écrire ce qui lui passe par la tête ne cherchent qu'à vous faire oublier que vous détestez être ici. Je détestais être ici. Là encore, ma non-ambition ne pouvait guère m'aider – si ce n'est à partir la tête haute et fier d'avoir dit non au capitalisme et à l'industrie du travail. Mais comme tout le monde, j'avais besoin d'argent pour payer mon appartement et pas forcément le luxe de choisir ce que je voulais faire de ma vie. Mes études m'avaient vaguement conduit à finir dans ce milieu, et l'idée que j'allais y passer les quarante prochaines années me donnait envie d'acheter un fusil d'assaut.

Alors que j'étais proche de la torpeur, une voix stridente vient violemment me réveiller. L'espace d'un instant, je me suis revu dans ma chambre d'adolescent lorsque mes parents venaient frapper à ma porte comme des flics en perquisition jusqu'à ce que je me réveille. Le traumatisme est toujours présent.

Cette voix stridente, c'est Sylvie, la directrice des ressources humaines au département Contenu éditorial et brand strategy chez Truc, l'une des plus grandes agences de publicité pour laquelle je souhaitais me prostituer en 2012 – oui, là où j'ai directement rédigé mes premiers articles pour *Vice* en cachette. Sylvie est blonde, elle fait approximativement 1,80 mètre et elle passe le plus clair de son temps à publier sur LinkedIn des articles de type : « Le recrutement génial de la start-up machin ». C'est aussi fascinant qu'écœurant, mais c'est pour montrer son intérêt. Elle s'avance rapidement vers moi avec son MacBook Pro à la main, au-dessus duquel je peux apercevoir mon CV et quelques documents. Alors qu'elle me tend sa main pour me dire bonjour, j'ai la réaction parfaite du type qui n'a aucune confiance en lui : je lui serre mollement la main tout en exerçant un sourire gêné – le même que je fais lorsque mon dentiste s'apprête à me torturer ou que ma copine va me quitter. Elle m'invite à la rejoindre dans une minuscule salle où l'interrogatoire va sans doute se dérouler. En franchissant la porte, un voile noir me saisit. Je perds presque l'équilibre. Cette pièce semble dépourvue d'oxygène et le concept même d'horizon paraît inexistant. Une table ronde beige occupe la plus grande partie de l'espace entourée de quelques chaises et d'une fenêtre anti-suicide. Mon rythme cardiaque s'accélère subitement. J'ai l'impression d'être dans un parloir de prison ou, pire, dans le bureau de ma banquière Gladys. Un homme se trouve déjà dans la pièce. Il se présente, mais l'ennui dans lequel je me trouve m'empêche d'entendre quoi ce soit. Je ne compris donc rien de ce qu'il m'a dit. En partant du constat qu'il porte des lunettes rondes, un tee-shirt à message « J'aime mon vélo » et qu'il a approximativement trente-cinq ans, il doit être manager. Mon futur manager. Pris de vertiges, je pose mes mains sur la table pour paraître plus à l'aise et sûr de moi. La proximité avec mes deux interlocuteurs est insoutenable et je n'ai aucune idée de la qualité de mon haleine. Ils me dévisagent comme si j'étais leur nouveau cobaye, une chose avec laquelle ils allaient pouvoir jouer pendant plusieurs mois. À cet instant, je dépose mon sac sur le côté de la chaise. (J'en profite pour signaler qu'à chaque entretien, je prends un sac en bandoulière. Il est bien sûr vide, mais je me dis qu'avoir un sac d'adulte fait toujours plus sérieux que de venir les mains dans les poches. C'est d'ailleurs assez idiot, car cela fait comme si je sortais d'un autre travail alors que je suis ici pour en avoir un.) C'est alors que commence le véritable enfer : je dois parler.

« Paul, est-ce que tu peux nous présenter ton parcours ? » Là, j'ai deux choix. Le premier est simple. En tant que non-ambitieux, je peux choisir de dire la vérité, c'est-à-dire qu'il est inutile pour moi de présenter mon parcours, sachant que ce dernier est fait de multiples échecs dus au fait que je ne sais pas ce que je veux faire de ma vie. Ce serait honnête, mais cela mettrait mes chances d'obtenir un emploi proche de zéro. Le second choix est d'être une merde et de plonger dans le jeu de Sylvie et John qui se trouvent face à moi. Que veulent-ils entendre ? La même chose que ma banquière Gladys, mon propriétaire et mon ex Julia. Je dois montrer que ma venue ici a un sens, que mes compétences et ma motivation feront de moi un salarié dévoué, que j'ai une réelle passion pour la communication et que mon objectif sur les cinq prochaines années est d'acquérir de l'expérience en vue d'une progression dans l'entreprise. Bien sûr que je ne crois pas un mot de cela. Je sens déjà la bile monter dans ma gorge en prononçant tous ces mots. Pourtant, c'est exactement ce que j'ai dit. Je crois même l'avoir dit avec le sourire. Plus ces mots absurdes sortaient de ma bouche, plus le sourire de mes interlocuteurs s'élargissait. J'ai soudain eu peur que leur tête explose à mesure que mon discours continuait. Sylvie et John étaient deux cyborgs qui cherchaient un nouvel ordinateur performant, pas un être humain. D'un certain point de vue, il fut facile de les convaincre. Le pire fut lorsqu'ils me demandèrent ce que j'aime dans la vie. Encore une fois, je ne pouvais répondre la vérité, qui est : « J'aime ne rien faire chez moi, manger des tartines de Boursin et travailler le moins possible. » Si bien que je me demande s'ils ne sont pas juste complètement cons. Quel recruteur estime réellement que la personne en face de lui pense de telles conneries ? N'allez pas me dire : « Oui, mais c'est pour voir tes réactions, c'est de la psychologie. » Calmons-nous, les recruteurs ne sont ni des détectives ni des psychologues et encore moins des médiums. Ils cherchent juste à savoir si vous allez accepter d'entrer dans le moule – que vous y croyez ou non ne les intéresse pas. Ce qui est important, c'est votre capacité à abdiquer sur-le-champ. De toute façon, ils n'auront affaire à vous que pour signer votre contrat et vous licencier. C'est d'ailleurs ce qui l'adviendra de ce job, qui, si je veux être bon esprit, « m'aura formé », et si je veux être réaliste « m'aura donné envie de voir le monde brûler pour l'éternité ». Maintenant qu'il m'arrive de faire passer des entretiens, je commence toujours par dire : « Écoute, je sais bien que tu ne viens pas ici en te disant que c'est le boulot de tes rêves. Inutile de faire semblant. Moi-même je n'en ai rien à foutre. Le seul truc que je demande, c'est que tout roule pour que personne ne vienne nous emmerder. Ça te branche ? » Et le problème avec les entretiens d'embauche, c'est quand vous réussissez sans le vouloir à convaincre votre interlocuteur de vous prendre.

Dire non

L'argent est un truc assez pratique dans la vie. Il permet déjà de ne pas mourir de faim ni de soif en regardant une chaîne musicale qui diffuse des clips de reggaeton en continu. Avoir de l'argent aide principalement à acheter tout un tas de choses inutiles que l'on peut entasser dans un deux pièces décoré comme un magasin But : une grande horloge en faux bois au mur, du carrelage blanc au sol et un millier de bougies parfumées disséminées partout. Avoir du fric pourrait vous donner l'envie d'avoir des projets, comme fonder une famille avec des enfants, des jouets en plastique bon marché et des sorties à Disneyland le dimanche avant de rentrer avec l'envie de décéder le plus brutalement possible.

Mais le réel problème avec l'argent, c'est qu'il vient forcément de quelqu'un. Je veux dire que ce quelqu'un vous l'accorde en échange d'un truc, souvent une chose qui consiste à dire oui à tout. Dès lors, votre argent est avant tout son argent. Ou tout du moins, c'est grâce à ce quelqu'un que vous pouvez le retirer au distributeur du coin et le dépenser dans une paire de baskets Veja. Pour être plus clair, le travail moderne fonctionne ainsi : quelqu'un achète vos services et les utilise comme bon lui semble. Vous avez une fiche de poste attitrée, semblable à un manuel de PlayStation 4. Celle-ci explique ce que vous êtes censé faire, ce que vous êtes en mesure de faire et ce que vous n'êtes pas en mesure de faire. Si vous signez un contrat de travail, vous vous transformez inéluctablement en esclave : ce quelqu'un a payé pour vos services et attend de pouvoir jouir de son droit. Si bien sûr vous n'avez pas à pratiquer une fellation à ce quelqu'un pour le remercier chaque jour de vous avoir acheté – car vous faites déjà votre travail, ou du moins vous faites semblant –, ce quelqu'un risque néanmoins de régulièrement (une fois par jour, au moins) vous faire comprendre que vous lui en devez une. Vous apprenez par la même occasion que votre fiche explicative est « flexible ». Cela peut aller de : « Franchement, j'ai besoin d'un service, et puis c'est quand même grâce à moi que tu es là », à : « On en parle lors de l'entretien annuel d'évaluation, c'est plus simple. » L'idée pour ce quelqu'un est de vous forcer à faire quelque chose que vous ne voulez pas. Par exemple : travailler le week-end, dire que c'est de votre faute et non de la sienne ou le sucer à la fin de l'*after work* parce que : « Allez, on s'entend bien quand même. » Bien sûr, l'un n'empêche pas l'autre. C'est alors qu'intervient le moment où il faut savoir dire non. Ne perdez jamais de vue que vous êtes un être humain qui a des droits et que vous valez sans doute bien plus que la personne qui vient de sortir son pénis mou et misérable devant vous. Dire non, c'est enfoncer un tournevis d'anti-ambition dans le crâne de votre interlocuteur tout en le regardant dans les yeux – comme pour lui dire que, d'une part, vous n'allez pas le faire, d'autre part, vous n'en avez rien à foutre des conséquences. Au contraire, dire non vous fera passer pour une personne qui sait ce qu'elle veut, sait ce qu'elle a à faire et non un vulgaire esclave qui ne progressera jamais dans l'entreprise. Dire non, c'est s'affirmer.

Ce n'est pas vraiment ce que je fis lorsque John, mon manager – ou N+1, comme on dit de nos jours –, m'a demandé si j'étais OK pour le remplacer au prochain séminaire intermédias auquel mon entreprise était conviée. J'ai eu alors un violent mouvement de recul. Je devais réfléchir vite et bien quant à la réponse que j'allais donner. J'étais en CDI depuis presque un an et ma période d'essai avait expiré. J'étais donc persuadé que plus rien ne pouvait m'atteindre. Je n'avais plus à me tuer à la tâche et je commençais à écrire de moins en moins dans le plus grand des secrets. Je décalais également mon arrivée au bureau de deux minutes chaque matin afin que rien ne puisse être perceptible à l'œil nu. Cela faisait donc plusieurs mois que je déployais ma non-ambition sur tous mes collègues et managers afin d'entamer ma progression de branleur dans une société méritocratique qui jusque-là m'a étrangement fait confiance. Non ambitieux, mais pas complètement con pour autant, je gardais toutefois la tête sur les épaules. Il ne serait jamais question de faire tapis et ainsi être en mesure de tout perdre. Je tenais à mon confort matériel symbolisé par l'achat d'une nouvelle télévision Sony 42 pouces. Mon esprit a souvent besoin d'être diverti pour oublier les quarante misérables heures de travail hebdomadaires. Ma non-ambition devait me permettre d'avoir une vie de citoyen consumériste classique, sans pour autant me demander le moindre effort. J'y étais presque, je voyais la lumière au bout du tunnel et je me permettais même de ne plus trier mes poubelles. C'est pourquoi lorsque John s'est avancé vers moi pour me « demander » (il est important de préciser que, dans une relation hiérarchique rémunérée, le concept de « demande » est assez flou. Il s'agit plus de politesse que d'humanité) si j'acceptais de me rendre à sa place au prochain séminaire intermédias, je vis un an d'efforts s'évaporer sous mes yeux, m'imaginant déjà me transformer en carte de visite par paquet de cinq cents.

Le monde du travail nous oblige souvent à faire des choses sauvages qu'on ne peut esquiver, telles que répondre : « Merci à toi », après avoir reçu la dernière version du fichier récap budget 2019 par mail à 19 h 29. Mais si ces épreuves quotidiennes sont une épine dans le pied, les séminaires interentreprises sont davantage proches du coup de batte de baseball dans les testicules. Créés dans le seul but de détruire toute forme d'ambition quant à la liberté de l'homme et d'espoir en l'avenir, les séminaires interentreprises représentent un fléau moderne qui de façon assez étrange reste apprécié des salariés français. Ne sachant plus comment les amadouer, les entreprises se voient contraintes d'organiser des *brainstormings* entre managers afin de trouver des activités semblables à celle que l'on propose à des enfants : les séminaires ressemblent aux compétitions sportives entre écoles primaires où les activités principales sont la balle au prisonnier et le relais en athlétisme. Sauf qu'ici, les élèves sont remplacés par des salariés ternes et les activités par des sessions de groupe où chacun doit réfléchir à quelque chose qui ne l'intéresse pas. Globalement, il s'agit ici, pour un grand réseau social qui a le monde à ses pieds, d'inviter la plupart des médias qui ne peuvent vivre sans lui, afin de leur présenter ses méthodes de travail, ses nouveautés en matière de produit ou de management. En fait, faire comme si nous étions partenaires – comme John et moi. Je ne sais pas qui exactement a eu cette idée un jour, mais j'espère que cette personne aura une mort lente et pénible.

Au début, une personne normale – comme moi – se dit : « Chouette ! Je ne serai pas au boulot, du coup ! » Un peu comme si la vie avait écouté ma non-ambition et décidé de m'offrir un cadeau pour me faire comprendre que j'ai raison depuis le début. Mais non, ce séminaire est ma tunique de Nessus, un cadeau si empoisonné que se défenestrer avec le sourire paraît être une solution plus qu'envisageable. John m'avait expliqué ne pouvoir y aller, car il avait trop de boulot. Croyez-moi, si votre manager vous propose une « superopportunité pour ton réseau professionnel et tes compétences, c'est une chance ! », fuyez ou faites-vous du mal. S'il s'agissait d'un truc agréable, comme une croisière aux Maldives, il ne vous aurait même pas adressé la parole. Les managers perçoivent souvent cela comme un cadeau, une promenade inattendue que l'on propose à son chien. Novice dans le milieu professionnel, je ne savais pas où j'allais mettre les pieds. Alors que je travaillais solitairement à mon bureau, terminant le résumé d'une série avec des dragons, des rois déchus et beaucoup de sexe, une partie de ma vie a basculé. Au départ, j'ai cru que John utilisait une métaphore pour me faire comprendre que j'étais licencié. Malheureusement, ce fut pire. Il m'a donc proposé de passer une journée dans les bureaux du réseau social préféré des 15-25 ans à Paris. Ce dernier organisait un *meet-up* autour de ses méthodes de travail, de management et des nouveautés liées aux médias dont l'entreprise est « partenaire ». Je n'en avais rien à foutre. L'entreprise voulait propulser un monde inconnu que j'imaginais peuplé de robots sud-coréens ultradéveloppés capables de me laver le cerveau et faire de moi un modem Internet en un simple regard. Je ne pouvais donc pas dire oui, mais je ne pouvais pas vraiment dire non, car c'était mon chef et si je voulais qu'il continue de me laisser en paix, j'étais obligé de le nourrir un peu. Pris de panique, je répondis : « Bien sûr, John pas de problème. »

La semaine suivante, je me retrouvai dans la rue à huit heures pour me rendre à cet événement. Si d'une certaine manière, cela apportait de l'originalité à ma routine, je me trouvais anéanti par le simple fait de me lever une heure plus tôt que d'habitude. En arrivant devant cet immeuble haussmannien d'un quartier qui n'abrite que des bureaux, je respirai un grand coup et j'appuyai sur la sonnette. Une lumière clignota vers mon visage, comme si celui-ci était en train d'être scanné. Je ne savais pas s'il s'agissait d'une caméra et si quelqu'un était en train de regarder mon visage endommagé par l'horaire. Finalement, la porte s'ouvrit. Mes deux pieds avaient à peine franchi le hall que deux personnes m'attendaient déjà avec un sourire absolument terrifiant, si élastique que j'eus peur qu'il ne s'arrête jamais. Je ne sais jamais comment réagir à un sourire. Vu l'heure, je ne pouvais pas vraiment leur rendre la pareille. Entre eux et moi se trouvaient des centaines de badges étalés sur un large comptoir. Tous portaient le nom, le prénom et le média pour lequel nous travaillions. Je fus subitement pris de panique, puisque cela impliquait deux choses inquiétantes. La première est que j'allais devoir porter un badge toute la journée, comme si je disposais d'un stand à un salon du mariage. La seconde est que j'allais passer une journée entière avec une centaine de personnes qui eux aussi porteront un badge et devront faire un mouvement de tête vers le bas pour le regarder avant de m'adresser la parole – comme s'ils lisaient la notice d'un micro-ondes avant de l'acheter. J'étais pris au piège. J'étais troublé. Une fois mon badge autour du cou, on m'invita à rejoindre la cuisine pour prendre un petit déjeuner en compagnie de tout le monde. Une centaine de personnes se trouvaient là, aucune d'entre elles ne se connaissait, mais nombreux étaient ceux qui souhaitaient faire connaissance, à mon grand regret. À la manière de Raëliens modernes, tous les hommes étaient habillés d'un jean brut et d'une chemise en coton bleu ajustée, portaient des baskets blanches ainsi qu'une grosse montre, avaient les cheveux courts, s'il s'agit bien de cheveux et non de matières synthétiques. Les femmes étaient en robe noire et leur maquillage donnait un air gras à leur visage. Elles n'étaient pas très belles. Ces personnes étaient le portrait craché des salariés que l'on voit dans les reportages sur la Silicon Valley. Après quelques croissants en faisant bien attention de ne jamais me trouver dans la trajectoire du regard de quelqu'un – et ainsi éviter toute communication –, on m'invita à rejoindre le reste des invités à l'étage pour la première conférence de la journée. Jusqu'ici, j'avais réussi à éviter toute interaction sociale et à traverser cette journée comme un fantôme dont personne ne se souviendrait.

Ce maigre espoir s'est écroulé lorsque mon corps fut enfermé dans cette vaste salle de réunion où des chaises étaient installées face à d'immenses télévisions comme on en voit dans les centres commerciaux. Je me disais que j'allais avoir droit à de longues présentations PowerPoint, que ce serait pénible mais au moins je ne serais pas sollicité. Alors que l'un des « intervenants » – soit quelqu'un dont la fonction m'échappe, mais il semble travailler ici – me demanda de bien vouloir remettre mon badge afin que tout le monde puisse le lire, Florence entra dans la pièce. Je connaissais son nom, car il était inscrit sur son badge. Cependant, je n'arrivai pas à voir ce qu'il était indiqué en dessous. Elle n'était pas du tout habillée comme le reste du personnel présent. Florence ressemblait plus à une diseuse de bonne aventure qu'on aurait sorti de sa roulotte après une longue dépression. Ses cheveux étaient abîmés, elle portait une longue robe façon gitan froissée et elle avait clairement le dos courbé. Sans dire un mot, elle regarda chacun d'entre nous silencieusement. La situation devint très anxiogène. D'un coup, elle s'exclama : « Bonjour. Je suis Florence, et je suis psychothérapeute du travail. » Je sentis mon rythme cardiaque s'emballer et le piège se refermer sur moi. Elle continua : « Pour commencer cette journée, je vais vous proposer un petit exercice de groupe. » *Ça y est, elle l'a dit*. J'en étais sûr.

Je ressentis la même boule au ventre que lorsque je devais faire des exposés seul devant toute ma classe ou lorsque j'étais contraint de travailler en groupe. Vous savez, ces travaux où il y a toujours ceux qui veulent tout faire seuls avant de reprocher aux autres de n'avoir rien fait, et ceux qui ne veulent rien faire et reprochent aux autres de ne pas les avoir laissé participer. J'en veux au monde entier d'avoir imaginé un jour que de tels procédés pouvaient améliorer la vie des gens. Je regardais par la fenêtre, cherchais une échappatoire alors que tous s'activaient pour déplacer les chaises et faire un vaste cercle. *Je suis foutu*. Florence prit de nouveau la parole au centre du cercle : « Maintenant, mettez-vous face à une autre personne et racontez-lui une histoire sur votre prénom. » Je souffrais le martyre. Tout ce que je déteste se trouvait dans cette large pièce : des gens que je ne connais pas, de la moquette grise et une diseuse de bonne aventure qui pense que je vais me sentir mieux si je me livre à des inconnus. Une nouvelle fois, ma non-ambition ne pouvait rien pour moi. *Connard de John*. Si je refusais de participer, je risquais de passer pour un gros con et d'alerter mon boss. J'étais coincé et obligé d'obtempérer.

Je me retrouvai alors face à Sibam, libanais qui travaille pour MSNBC à Londres. Lui aussi a été envoyé par son patron pour la journée, mais il semblait beaucoup plus ouvert que je ne l'étais. Il était habillé d'un costume gris plutôt chic et souriait constamment. *Ces gens sont-ils drogués ?* Il mesurait au moins quarante centimètres de plus que moi. Selon les règles en vigueur de l'exercice, je devais commencer. La seule réflexion qui me vint à l'esprit fut : « Je m'appelle Paul, c'est le prénom le plus commun en France. Tout le monde s'appelle Paul. Je suis même sûr qu'il y en a un autre dans la pièce. On parie ? Sinon, c'est le prénom d'un joueur de Blackpool, une équipe de troisième division anglaise. » C'est alors que Florence leva le bras en l'air, ce qui apparemment signifiait que nous devions changer de rôle. C'est donc au tour de Sibam qui m'expliqua qu'il portait ce prénom en souvenir de la guerre au Liban où certaines personnes étaient tuées en fonction de leur prénom, faisant référence à leur appartenance religieuse. Voilà, j'étais donc officiellement une grosse merde dont l'existence n'a aucune raison d'être. Je n'ai pas mot pour décrire mon mal-être. Pendant tout l'exercice, Florence se déplaçait lentement entre nous, comme si elle flottait au-dessus du sol. Sa longue robe ne nous laissait pas voir ses pieds. Aucune flexion n'était perceptible. Le supplice de cet exercice n'en finissait plus. Chaque fois qu'un tour passait, j'espérais que ce soit le dernier. Mais non, on repartait pour un nouveau jeu. Par la suite, nous étions tous en cercle. Florence prit un coquillage, qu'elle appela « le coquillage de la parole ». Je me demandais si tout ça n'était pas une vaste blague et si les gens autour de moi y croyaient également, ou alors étaient-ce des acteurs ? Je l'espérais. Je n'avais jamais vu quelque chose d'aussi con de toute ma vie. En gros, chacun de nous devait raconter pourquoi il aimait sa ville – mais seulement quand il avait le coquillage de parole. Interdiction de parler sans le coquillage.

Mon téléphone ne captait pas. Après deux heures supplémentaires de présentation PowerPoint et de discours solennels sur la place des médias dans le monde, j'étais dans un état catatonique. Mes yeux ne clignaient plus et je commençais à repenser à cette fois où mon corps avait décidé d'arrêter de vivre, lorsque j'étais un nourrisson. Si j'avais pu avoir un aperçu et saisir que mes études et mon socle social me propulseraient dans un univers dramatique et insensé comme celui-ci, il y a fort à parier que je ne serais pas revenu d'entre les morts. Mais j'étais bien là et mon calvaire n'était pas terminé. On nous invita à déjeuner au rez-de-chaussée où se trouvait un buffet entièrement offert. Voilà qui raviva en moi la flamme de la vie. Je ne suis pas un amateur de buffet, j'ai toujours tendance à me dire que plus il y en a, plus c'est suspect. La cuisine était remplie de salades composées, et c'est tout. Je soupirais une fois de plus. Je tentai de faire bonne figure, car il est compliqué dans ces moments-là de n'en avoir rien à faire. Je suis invité, mon patron sera au courant de tout et dans le fond, ces gens n'y sont pour rien. À midi, je suis plus proche du suicide que d'une nouvelle forme de travail. C'est alors que Josey vient vers moi. J'ai à peine eu le temps de lire son badge pour savoir ce qu'elle faisait dans la vie que ses paroles étaient déjà en train de me lacérer le visage. Elle me posa des milliers de questions sur mon travail tout en me regardant de manière intense sans jamais détourner son regard. Moins je répondais à ses questions, plus ses yeux sortaient de leurs orbites. Était-elle en train d'aspirer mon cerveau ? Effrayé et proche de l'asphyxie, il me fallait trouver une issue de secours, un lieu où je pourrais être en paix et où aucun autre être humain ne pourra m'entraver. Comme l'écrivait Sun Tzu dans *L'Art de la guerre* il y a 2 500 ans : « Au milieu du chaos se trouve aussi une opportunité. »

En 2019, les toilettes sont un refuge non négligeable face à tout ce que la vie peut nous infliger. Synonymes de paix intérieure, ils sont le dernier lieu sur Terre où vous pouvez être seul sans avoir peur d'être dérangé. Tel un temple de la non-ambition, ils agissent comme une barrière face aux managers, à la productivité et au contact humain trop insistant. Au travail, par exemple, les toilettes sont mon endroit préféré, avec l'ascenseur où il est socialement accepté de ne pas adresser la parole aux autres occupants. Chaque passage par les toilettes est un moment de repos physique et psychologique, une bouffée d'air frais qui me redonne de l'énergie jusqu'à la prochaine pause. Je vous le dis : je pense avoir écrit une bonne partie de mes articles pour *Vice* assis sur mes toilettes. Disons, au moins les deux tiers. Je pense qu'avoir des toilettes de qualité au bureau serait un bon moyen d'éviter certains burn-out et autres suicides. Ils sont nettement plus efficaces que les salles de repos infantilisantes où des baby-foot trônent au milieu de sièges design – le tout dans un bruit dantesque de salariés qui s'amusent comme des hamsters dans une cage.

C'est comme ça que j'ai esquivé Josey, cette Américaine dont les principales qualités semblaient être la logorrhée et la pression psychologique. Je prétextai une allergie au quinoa pour fuir aux toilettes de cet immeuble. Elles étaient vastes et exceptionnellement propres. Chaque cabinet était fermé, je veux dire par là qu'il n'y avait pas d'espace en dessus ni en dessous comme dans les chiottes d'autoroute. J'étais littéralement enfermé avec moi-même. J'étais au paradis. Une légère musique d'ambiance était présente, sans doute pour aider à se détendre, mais également pour masquer certains bruits. J'aurais pu passer la semaine dans ces toilettes tellement elles étaient sublimes. Le sol était brillant et des centaines de serviettes étaient à disposition pour s'essuyer les mains. Confortablement installé, je pris conscience que la non-ambition ne pouvait me sauver. J'étais en cavale, mais j'allais devoir faire surface à un moment ou un autre. Sans grande surprise, ma seule solution fut de sortir et de subir une nouvelle fois. J'ai pris une grande respiration puis j'ai quitté les toilettes pour rejoindre le monde bruyant des humains. Je pris sur moi jusqu'à la fin de la journée avant de rentrer seul, sous la pluie, désespéré quant à l'idée que la non-ambition m'avait une nouvelle fois abandonné. Surtout, elle semblait m'abandonner pour toutes les choses qui touchent à la vieillesse : l'argent, le dentiste, les séminaires et bientôt écrire un livre. Étais-je foutu ?

Écrire un (ce) livre

Au moment où j'écris ces lignes, nous sommes le 2 janvier 2019. J'ai demandé à mon éditeur de repousser de un mois la date de remise de mon manuscrit. Percevant sans équivoque le désespoir dans mon regard, il accepta. Il ne me reste donc plus que trente jours pour tout rendre et, si possible, être un minimum fier de mon travail. Comme vous pouvez le constater en ce moment même au poids de l'objet que vous tenez entre vos mains, il reste un certain nombre de pages. Vous imaginez donc que j'ai passé un magnifique mois de janvier, aussi chaste que désagréable pour *a minima* atteindre mon objectif contractuel. C'est le lot de tous ceux qui attendent de la vie qu'elle bosse à leur place, et ce jusqu'au dernier moment. Mais dans ce cas précis, rien ne s'est passé comme prévu. En personne intelligente que vous êtes, vous vous doutez bien que tout ça ne s'est pas fait en jouant à *Red Dead Redemption 2* toute la journée, attendant patiemment un signe du divin où qu'un texte tout prêt me tombe dans les bras. En fait, accepter d'écrire un livre et par conséquent signer un contrat avec un certain nombre d'obligations fut un choc. J'ai dû me rendre à l'évidence que j'allais devoir travailler. Surtout, rien ni personne n'allait pouvoir me sortir de ce guet-apens dans lequel je m'étais fourré seul – et sûrement pas la non-ambition. Un peu comme Tiphaine. Enfin, surtout comme Tiphaine. Personne n'est en mesure de pondre deux cents pages sur un document en Word en six mois en affirmant : « Franchement, c'était tranquille ; je m'y suis mis à la fin et c'est passé tout seul. » Enfin si, je pourrais le dire au même titre que tous ces néo-bacheliers qui se voient pousser des ailes et disent : « Franchement, le bac, c'était facile. » Mais ce serait faux dans les deux cas. Je ne vous cache pas que l'idée d'ajouter de faux graphiques vides à ce livre pour faire la blague – « En tant que non-ambitieux, j'ai ajouté des faux graphiques pour faire quelques pages en plus et, du coup, ne rien foutre » – m'a traversé l'esprit – mais dans le but de réellement gagner des pages, ce n'aurait donc pas été honnête de ma part. J'espère que vous avez compris.

Comme vous pouvez le constater, ce livre est bel et bien achevé. Sachez que j'en ai chié comme jamais. J'ai perdu du poids, j'ai dit non à des milliers de propositions de soirée et mon visage semblait avoir été momifié par la détresse. Lors de mes pires phases de transe et de tristesse, assis seul face à l'écran aveuglant de mon ordinateur portable, il m'est arrivé de croire en Dieu. J'étais noyé par une source de travail infinie et il apparaissait évident qu'une puissance supérieure m'avait mandaté cette mission comme châtiment ultime afin de me punir de toutes mes errances dans la vie – et notamment cet article « Pitié, arrêtez avec les "soirées jeux" » qui m'avait valu les foudres des Français qui aiment gâcher toutes les soirées auxquelles je participe en s'exclamant : « On se fait un Trivial Pursuit ? » alors que les gens s'amusent. J'avais face à moi une montagne de travail qui m'attendait, des nuits entières d'angoisse et de remises en question sur ma personne ainsi qu'une bonne dose de : « Je n'y arriverai pas, je suis une merde, laissez-moi mourir en paix. » Pour la première fois, j'étais confronté à une épreuve dont je ne discernais ni issue ni aide extérieure, mais seulement souffrance, affliction et désolation. Quand on doit se mettre (vraiment) au travail pour la première fois de sa vie, on passe par toutes les étapes du deuil : le déni, puis la colère, le marchandage avec soi-même et enfin une petite phase dépressive avant l'acceptation finale.

Avant même de commencer, j'étais en plein déni. Comment aurais-je pu aborder cette épreuve autrement qu'avec un sourire suffisant ? J'ai une nouvelle fois pensé que l'anti-ambition allait sonner à ma porte et me sortir de cette situation cauchemardesque. Quand mon éditeur m'a appelé pour la première fois et me signifier son souhait que j'écrive un livre sur la base de mes chroniques pour *Vice*, je n'ai pas véritablement compris de quoi il s'agissait. J'étais dans le même état que quelqu'un à qui on demande : « Tu peux me prendre un pain au chocolat sur le trajet, s'il te plaît ? » Je ne foutais pas grand-chose au boulot et on me proposait une mission très gratifiante socialement et qui me semblait relativement abordable. Cela restait proche de mon métier, car on ne me demandait pas de déboucher un évier ou de réparer une porte coulissante de penderie. C'est un article, mais en plus long. Mais *en beaucoup plus long*. J'ai naturellement répondu : « OK. » De retour à mon poste de travail, je ne décrochais plus mon sourire, fier et pressé de pouvoir dire : « J'écris un livre » à toutes les personnes que je déteste et qui pensent que je ne mérite pas cela. J'étais également gêné, car mes chroniques étaient un truc qui me distrayait et je ne pensais pas qu'elles pouvaient réellement intéresser qui que ce soit. C'était donc, au départ, la consécration de la non-ambition : être payé pour glander et le raconter sur un site m'avait une nouvelle fois permis de faire quelque chose de formidable. Lors de la première réunion officielle avec mon éditeur, l'intégralité de mes articles était imprimée sur l'immense table qui nous séparait. Il faisait froid et j'étais entouré de livres de cette maison d'édition. C'est alors que j'eus une révélation : un livre, c'est très long. C'est le risque de tous les auteurs qui ne lisent pas énormément, on ne sait pas de quoi on parle. Disons que je lis deux livres par trimestre environ, ce qui me semble déjà bien par rapport à la moyenne nationale. Non pas que je n'aime pas cela, mais ce n'est pas mon activité préférée. Je préserve mes forces pour faire autre chose, souvent rien. Je restais néanmoins confiant en me persuadant par le simple argument que, vu le nombre de livres disponibles sur le marché, tous ces auteurs n'ont *a priori* pas de pouvoirs particuliers ou de dons leur permettant d'écrire vite et bien entre deux séances de squash (sauf Marc Levy). Il n'y avait donc pas d'inquiétude à avoir.

Après les premières discussions sur le sujet du livre, les détails quantitatifs vinrent rapidement. Lorsqu'on m'a demandé d'écrire entre trois cent mille et trois cent cinquante mille signes, je fis un rapide calcul dans ma tête, disons, en une trentaine de secondes et en regardant dans le vide comme pour allouer toutes mes ressources mentales à ce calcul. Ce volume représente une quarantaine de chroniques que j'écris la semaine, soit une année de boulot à plein temps pour moi une fois les vacances et les RTT retirés. Alors que ce chiffre aurait déjà dû provoquer chez moi un évanouissement dû à l'horreur qui m'attendait, j'ai une nouvelle fois dit : « OK », avec le sourire, mais également avec une légère respiration angoissée. Quelques semaines s'écoulèrent, sans que je n'écrive la moindre ligne, et les formalités administratives arrivèrent. Par « formalités administratives », je veux bien sûr parler de mon chèque. Par principe, je ne travaille pas sans avoir été payé, et toute édition de livre suggère un à-valoir, c'est-à-dire une somme d'argent qu'on me verse pour me motiver à travailler. J'en avais cruellement besoin. Après l'avoir immédiatement claqué dans des choses dont je n'ai aucun souvenir, je reçus un coup de téléphone pour estimer une date de rendu de mon manuscrit. « Pour janvier, ça te va ? » me dit-on. Nous étions alors début juin. J'ai une énième fois répondu sommairement : « OK », pensant que la vie allait de toute façon me venir en aide, comme elle l'a toujours fait. Nonobstant cet acquiescement automatique et irréfléchi, je sentais qu'un étau froid commençait à lentement compresser mon corps. De manière plus honnête et perceptible, j'avais l'impression de répondre : « Bien sûr que non je ne regarde pas les autres filles, ma chérie. » Je n'ai rien foutu avant fin juillet.

Avant même de me lancer pleinement dans la rédaction de ce livre pour lequel je n'avais fait aucun plan, je devais déjà libérer mon emploi du temps pour que l'écriture soit possible, ou *a minima* envisageable. J'ai donc dû provoquer la chance. C'est alors que devenir rédacteur en chef m'a paru être une solution. Le but était de ne plus avoir à écrire ; du moins, personne ne pourrait m'y obliger en m'expliquant que : « Ce sujet est hyperdrôle, je pense que ça colle bien à ton style, Paul. Tu me fais un truc pour demain ? Et n'oublie pas, si tu parles de toi, c'est surtout pour parler des autres ! » *(Rires.)* L'idée était d'utiliser mon énergie uniquement pour ce livre. De plus, cela me permettrait également de gagner plus d'argent et d'être en meilleure forme mentale lors des mois qui allaient suivre. Pour bien travailler, il ne faut pas être fauché, sinon on grossit en passant sa semaine au McDo du coin avant de tomber dans la dépression. Enfin, c'était une manière évidente de ne plus vraiment avoir de boss et donc de faire ce que je voulais. Je voyais cela comme l'étape ultime de l'anti-ambition, une ultime victoire avant la liberté. J'aurais aussi pu me tourner vers l'entrepreneuriat, mais cette idée m'est inacceptable. Je préfère mourir d'un rhume que de présenter des *keynotes* à des *business angels* dans un espace de *coworking* qui propose du thé et du bain de bouche à volonté.

Pour réussir cette requête, j'ai dû expliquer à des gens haut placés et plus âgés pourquoi j'étais légitime pour ce poste qui depuis peu était libre, ou presque. Disons qu'il s'apprêtait à l'être. C'est alors que je me suis glissé dans le costume du parfait petit con, celui qui sourit et serre fermement la main de ses interlocuteurs pour prouver qu'il est un homme de confiance. Tout ça devait être temporaire bien sûr, il n'était pas question d'entamer une transformation complète. Je devais avoir l'air mature et cool en même temps, quelqu'un à qui on peut faire confiance et qui participe à des soirées de la Fashion Week. J'ai commencé par me couper les cheveux afin de ressembler à mes congénères qui achètent des appartements et pratiquent le brunch. J'ai ensuite acheté des chemises bleues et des baskets blanches pour copier les personnes que j'avais côtoyées au séminaire. Après avoir accompli cette première étape visuelle, j'ai commencé la seconde : être force de proposition. Une fois de plus, l'écriture me donne envie d'incendier un refuge pour loutres – si tant est que cela existe. Quoi qu'il en soit, j'ai suggéré à mes interlocuteurs une stratégie globale *via* un PowerPoint bien chiadé. C'est avec le sourire que j'ai développé une combinaison de solutions permettant à mon entreprise d'augmenter ses résultats, son image et la qualité de ses produits – tout en améliorant ma situation, bien sûr. Je fus d'ailleurs surpris de constater que cela fut très simple. Quand un manager vous demande « une stratégie », il faut comprendre qu'il s'en fout en bloc. Il va l'utiliser pour la vendre à quelqu'un au-dessus de lui et ainsi de suite jusqu'à ce qu'une personne prenne une décision. Ainsi, chacun prend l'idée de son N-1 et la propose à son N+1. C'est la chaîne alimentaire adaptée à l'entreprise – c'est pour cela qu'on vire les petits salaires, car ils sont à la base de tout. Vous me suivez ?

Pour réussir, il faut donc que cette idée plaise à l'ensemble des personnes intéressées. Si cela peut sembler être une épreuve, il n'en est rien. Comme pour un programme politique, il suffit de lister certains mots-clés que n'importe quel manager (citoyen) qui n'est pas en mesure de lire ou de comprendre les choses en détail souhaite voir apparaître. Par exemple « augmentation de production » (préservation de frontières), « économie d'échelle » (augmentation du SMIC) et « synergies » (redynamiser les campagnes) sont de bons concepts vagues à mettre en place. Les managers veulent croire qu'on les comprend et que l'on se soucie de leurs intérêts. Vous passerez pour quelqu'un qui place les intérêts de l'entreprise (l'État) avant les siens (politicien), et c'est ce que ces gens veulent (le citoyen lambda qui sort ses poubelles). Ainsi, l'idée n'est pas importante, simplement la prétendue capacité que l'on a de changer les choses. Ils avaient licencié mes amis un lundi soir, j'allais devenir une taupe à l'intérieur du système. Je leur ai donc tout servi sur un plateau : les discours, les entretiens et les promesses. J'ai même eu le droit à quelques entretiens où l'on me questionnait sur ma vision du management moderne (le rapport aux Français) – après avoir licencié mes potes – et je n'ai eu aucun mal à dire qu' « il faut parfois faire des sacrifices et se serrer la ceinture pour retrouver une bonne dynamique » (même phrase en politique). Si j'avais jeté ma non-ambition aux chiottes sans avoir tiré la chasse, c'était *in fine* pour gagner ma liberté et écrire ce livre sans pression particulière. Un mois plus tard, j'avais réussi – je vous passe le reste des détails, désolé, mais comme vous l'avez compris je suis pressé – et j'étais donc plus ou moins tranquille. Je me disais donc que tout irait bien, qu'une fois de plus j'avais réussi à obtenir ce que je voulais, sans forcément être le plus légitime. Mais qui allait se plaindre ?

C'est seulement à la suite de cette première victoire que j'ai décidé de commencer ce livre et que le déni disparaissait au profit d'une profonde colère, voire d'une haine de moi-même. En juillet, je profitai des joies simples d'une maison de campagne en Vendée où il faisait particulièrement beau. Croyant dur comme fer aux comédies ringardes que l'on regarde tous en couple pour remplacer les relations sexuelles, j'étais convaincu que m'éloigner de toute tentation citadine serait un bon moyen d'écrire vite et bien. Emballé par ce projet, je pris même l'aisance de travailler dehors pour respirer l'air frais et profiter d'une belle journée. Après plusieurs heures à fixer la page blanche de mon ordinateur, j'avais envie de m'allonger sur l'autoroute A10 jusqu'à être percuté par une voiture familiale et ainsi gâcher les vacances de Français heureux.

Agonisant dans le néant, je n'avais rien écrit et n'avais aucune idée pour me lancer dans l'écriture. Une fois cette première gifle digérée, je tentais de nouveau ma chance le lendemain. Après un effort physique apocalyptique de plusieurs heures, j'avais rédigé une page. Mes mains tremblaient et j'étais dans le même état qu'après une séance d'athlétisme au lycée, soit proche de vomir. Chaque mot tapé, chaque paragraphe terminé était une épreuve hors norme. J'étais comme écrasé par une pesanteur anormale, faisant de chaque heure de rédaction un calvaire qui m'épuisait aussitôt. Je n'y arrivais pas. C'était comme si j'avais tout perdu. Les premières questions existentielles – « Vais-je y arriver ? » ou « Est-ce trop difficile pour moi ? » – arrivèrent progressivement après seulement une journée. Si la rédaction fut un labeur abominable, une seconde gifle vint heurter mon amour-propre que j'avais mis tant de temps à forger. Je fus atterré de constater que j'écrivais mal. Ces quelques paragraphes qui me faisaient face étaient les plus mauvais de toute ma vie. La forme ressemblait à une plaquette publicitaire de La Banque postale et le style proche de celui qu'on peut trouver sur un blog de lycée. À cet instant, je savais une chose : si je continuais ainsi, personne n'oserait me dire que tout ça est globalement à chier – à l'exception de mon éditeur. La solution la plus logique fut d'appuyer sur la touche effacer de mon clavier comme pour oublier ce qui venait de se produire. Je retentais une énième fois ma chance tous les jours, pensant que « ça allait venir », comme disent les artistes. Mais rien ne se passait, c'était le vide, j'étais vide. Comme lorsque quelqu'un ne répond pas à votre message, je faisais les cent pas en espérant être apostrophé par une force providentielle. J'attendais qu'une lumière immaculée provenant du ciel me montre le chemin de la réussite. À cet instant, mon ordinateur me signifia par une notification au bruit inquiétant qu'il n'avait plus de batterie et allait s'éteindre d'une seconde à l'autre. Inconsolable face à ce message de la vie, je fis le choix de me préparer un sandwich au fromage.

Il est probable que j'étais à cet instant en plein apprentissage des concepts d'« effort » ainsi que de « désespoir » propre à l'existence humaine. Je regardais l'anti-ambition de loin, à la fois triste de ne pouvoir compter sur elle et coupable de la tromper sur l'autel de la gloire et de l'égocentrisme – du moins j'essayais, puisque là encore ça ne fonctionnait pas. J'étais seul face à mon travail et personne ne pouvait m'aider. La colère s'emparait de moi, puisque fatalement, tout était de ma faute. Cela me replaçait dans la peau d'un étudiant médiocre qui doit réviser toute la nuit et dont la réussite scolaire ne repose que sur sa capacité à apprendre par cœur des centaines de pages absconses. J'avais le poids du monde sur mes épaules – plus humblement, celui de mon incompétence. Lorsque tout dépend de vous, c'est-à-dire autant le problème que la solution, cela vous plonge dans une culpabilité dantesque, car il faut se faire violence. L'expression « se faire violence » est sans surprise pour identifier cette schizophrénie de la non-ambition. Alors qu'elle a pour finalité de me faire accepter les choses telles qu'elles sont pour mieux les apprivoiser et les vaincre, elle peut aussi se retourner contre moi comme un parapluie bon marché lors d'une tempête. Si je dispose quasi systématiquement des armes pour régler l'ensemble des problèmes qui gangrènent ma vie, je fais pourtant fréquemment le choix de l'immobilisme. Je suis voué à disparaître de la surface de la Terre quoi qu'il advienne du monde, le malheur quotidien de mon destin normal semblant me pousser à m'éteindre sans la moindre rébellion. On peut communément appeler ça la fainéantise.

D'ailleurs, les entrepreneurs font tout ce qu'ils peuvent pour contrer cette tendance, cherchant à vaincre toutes les caractéristiques naturelles d'une vie humaine : les sentiments, le sexe heureux et la mort, car ils sont difficilement monétisables. Dans cette situation, vous savez ce qu'il faut faire pour sortir de cette situation (travailler sans relâche et sans se poser de question) et pourtant, vous faites complètement l'inverse, acceptant d'échouer. C'est de loin la situation la plus immature et la plus débile, puisqu'elle revient à abdiquer alors qu'il est encore temps de réussir et de sauver les meubles. C'est exactement ce que je fais. Ce phénomène simple se produit quand l'anti-ambition ne fonctionne pas. Au lieu de frapper la vie de ma nonchalance jusqu'à l'obliger à m'obéir, celle-ci décide me regarder de loin pleurnicher sur mon sort. La première fois que l'on subit cette flemme, on se demande pourquoi l'anti-ambition ne vient-elle pas m'aider ? Mais l'anti-ambition n'est pas de notre temps. Elle n'est ni sur demande ni accessible *via* un abonnement à une application. En fait, plus la situation est évidente à régler – comme ici où il me suffit de me bouger le cul –, plus l'anti-ambition me signifie d'aller me faire foutre. Il s'avère que la non-ambition refuse de m'aider si la situation peut encore être sauvée, ou si je l'ai provoquée d'une certaine manière. Ainsi, elle ne s'active que dans les situations perdues d'avance, celles où je suis inéluctablement voué à chuter. Dans le cas où elle m'abandonne car elle juge que, cette fois j'en fais un peu trop, je choisis de l'attendre patiemment, prétextant que je n'y peux rien. L'anti-ambition me regarde moisir. Tant que l'échec n'est pas à portée de main ou qu'une infime volonté de réussir se trouve nichée dans votre esprit, elle ne bouge pas. Et si jamais je ne suis pas en mesure de comprendre cette situation, certains n'hésitent pas à m'ébranler en me disant des choses pertinentes comme : « Tu sais, si tu ne te bouges pas, il ne se passera rien. » Souvent mes parents. À l'inverse des examens que je révise la veille, j'avais ici encore six mois devant moi. Tout n'était pas encore foutu, mais il m'était facile de m'y remettre plus tard sans créer une tornade de culpabilité. J'avais signé un contrat, je ne pouvais plus reculer. Je commençais donc à voir rouge, à ne pas comprendre pourquoi rien ne fonctionnait. C'est donc tout naturellement, et avec l'aide d'amis que je me dis qu'il fallait une nouvelle fois « attendre le bon jour ». Commençait alors une phase de marchandage avec moi-même, lorsqu'arrivé au mois d'octobre je n'avais que dix malheureuses pages.

Le marchandage, c'est un truc classique des branleurs qui ont l'habitude que les choses roulent toutes seules : on se donne de bonnes raisons de ne rien faire, pensant qu'elles se débloqueront d'elles-mêmes. Par exemple, quand quelque chose n'avance pas, j'ai le réflexe de me stopper en me disant : « Je fais une grosse pause et après ça ira mieux. » C'est un peu comme lorsque pendant des périodes d'examens, alors qu'il m'était impossible de me concentrer plus de dix minutes, j'arguais à tout le monde « qu'il vaut mieux faire une grosse pause pendant un moment, puis reprendre ». Cette idée n'a jamais été prouvée par aucune étude, et mes multiples séances de rattrapage ne font que confirmer le fait que j'avais tort. Pour fabriquer ma fausse productivité, je prenais alors soin de me donner des dates et des objectifs, par exemple : « Cinquante pages prêtes au 30 octobre. » Bien sûr, je ne réussis aucun d'entre eux, repoussant systématiquement mon travail, passant de : « Ça va, on est en septembre », à : « Ça va, on est en novembre », sans même réaliser que j'étais en train de me suicider. Si les objectifs temporels et autres pauses ne fonctionnaient pas comme je l'espérais, j'ai en définitive imaginé que mon problème de productivité se jouait ailleurs. Après un bon week-end à y réfléchir devant la série *True Detective*, je compris que j'avais besoin de changement. Ce fut assez évident, puisque c'est la solution universelle proposée à chaque habitant de notre monde lorsqu'il va mal, ou lorsque son couple bat de l'aile. « T'as peut-être besoin de changement, tu sais », disent-ils. J'ai donc décidé que changer de lieu de travail pourrait sonner ma révolte. Toujours parfaitement sûr de moi, je disais : « Moi ? Impossible de travailler de chez moi. J'ai besoin de bouger, de voir des gens et d'être dans une ambiance de travail, tu vois ? » Je disais la même chose en étant étudiant et ça n'avait pas été très utile. C'est ainsi que j'ai commencé à m'installer tous les soirs Chez Jeannette, un bistro branché du Xe arrondissement qui ne prend la carte qu'à partir de dix euros. Au milieu des chocolats chauds, de Coco-Cola Zéro et autres pintes, j'ai tenté d'écrire en me bourrant dans le crâne qu'il était plus intéressant de conserver à mon appartement un caractère de « loisir » et non de « travail ». Ç'a fonctionné un temps : ce café était devenu ma bibliothèque et je dépensais l'intégralité de mon salaire en thé au jasmin. Je commençais même à devenir cet écrivain cliché qui passe sa journée dans un café parisien. J'avais envie de me gifler, mais ce marchandage avec moi-même m'avait forcé à travailler.

Je vous hais

Un jour, une fille est arrivée Chez Jeannette, accompagnée de ses deux amis larbins. En la voyant entrer dans ce lieu de paix en faisant la bise à l'intégralité des serveurs, je compris qu'elle sonnait la fin de ma vie et le début de ma phase dépressive. Alors que la salle du fond était entièrement vide, à l'exception de moi et mon corps lâche, elle et ses deux amis larbins vinrent s'installer juste à côté de ma table pour s'y raconter leur vie assez passionnantes pour satisfaire le cinéma d'auteur français. En soi, je n'ai rien contre ces jeunes trentenaires qui occupent les cafés parisiens pendant des heures et signalent à tous ses occupants qu'ils sont chez eux. Il m'était dorénavant impossible de me concentrer sans l'entendre commencer toutes ses phrases paysannes par « Mais grave ! », j'étais réduit à l'état de mort cérébrale. Ma seule option restait de l'écouter déblatérer des sons. Cette fille était l'incarnation de la meuf cool que tous les mecs cherchent un jour. Elle est « chaude pour tout », c'est-à-dire que le concept de hiérarchie des activités lui était inexistant. Tout sur cette planète mérite d'être fait ou vu, le contraire serait une perte de temps. Son temps est quelque chose qui doit être occupé en permanence, et la vie n'a de sens que pour « vivre des expériences ». Elle rigole souvent sans raison, n'a jamais vraiment de mec attitré et bien sûr, elle aime sortir la nuit. La fille cool ne se prend pas la tête, elle te laisse faire ce que tu veux, elle n'est pas jalouse et pratique la fellation. Je rêvais de la voir disparaître dans une chasse d'eau que j'activerais moi-même – avant de lâcher un crachat comme point final à mon génocide. Chacune de ses interactions sociales se terminait dans un éclatement de rires si strident que toute la faune présente pensait au suicide collectif.

En plus d'être aussi intéressante qu'un grille-pain, elle semblait tout faire pour ne pas utiliser le mobilier de la manière dont il avait été conçu. Elle est semi-vautrée sur la banquette, je veux dire par là qu'elle s'appuie sur le mur afin d'être semi-allongée sur cette banquette afin que tout le monde puisse la regarder. J'eus une courte pensée pour tous ces scientifiques qui travaillent d'arrache-pied pour concevoir des dossiers de banquette afin que la population n'ait pas de problèmes de lombaires, et qui doivent voir leurs travaux balayés par cette connasse pour qui s'asseoir de travers est un signe de liberté. Ses deux amis larbins la regardaient avec déliquescence et ont oublié qu'ils portaient tous deux un bonnet. L'un d'eux, sans doute dans une profonde détresse sexuelle, lui dit : « Toi, tu sais répondre du tac au tac ! », ce à quoi elle répondait : « C'est clair. De toute façon, moi, je veux voir tous les films du monde. » Échappant de peu à l'infarctus après avoir assisté en direct à la dégénérescence de notre civilisation, je commande un autre thé au jasmin. Après une centaine d'éclats de rire et autres « Mais grave ! » tous identiques, j'entrais progressivement dans l'acceptation finale sous forme de résignation. J'avais maintenant une seule certitude : je vous hais.

Il m'a fallu un certain temps pour comprendre qu'*a priori*, je n'aime personne sur cette Terre et que je ne pourrais rien y faire. Cette fille cristallise en elle toutes les choses que je répugne chaque jour : la coolitude, l'idée que tout va bien si on ne se prend pas la tête et enfin que chaque rencontre est nécessairement bénéfique. Plus les années passent, plus je souhaite une extinction massive de notre civilisation par n'importe quel moyen afin qu'une nouvelle espèce puisse naître et faire autre chose que consommer des boissons sucrées toute la journée jusqu'à exploser d'obésité et de sueur face à un ordinateur coûtant trois mois de salaire. Bloqué dans un monde que je n'ai jamais voulu occuper, je suis contraint de subir votre présence, à commencer par votre haleine fétide composée de café et de clopes qui, en plus de heurter mon visage chaque jour, empeste les rues et les restaurants des villes jusqu'à donner à l'existence un goût de cendrier humide laissé dehors après une soirée étudiante. Je suis perdu, mais lucide quant à la suite. Chaque interaction que j'ai avec l'un d'entre vous me donne envie de soupirer avant de me noyer dans ma baignoire afin que personne ne s'en rende compte avant un bon mois. L'absurdité avec laquelle l'humanité entrevoit son existence comme une ère où il faut s'amuser le plus possible, ne surtout pas être triste et sortir le samedi soir pour justifier sa propre soumission à la semaine des cinquante heures devrait tous nous faire prendre conscience de notre inutilité. Toutes les situations où je dois être obligatoirement en contact avec vous, telles que la colocation, les dîners d'anniversaire, les soirées à thème, les réunions bimensuelles, les enterrements, les salles de sport surchauffées, les vacances organisées sur Messenger, les brunchs à 45 euros, la seconde classe du TGV pendant les vacances scolaires, la file d'attente aux caisses automatiques de la Fnac, les restaurants où une table se libère dans quinze minutes, les pistes cyclables, le guichet de La Poste où l'on retire son colis, les escaliers d'immeubles qui m'obligent à dire bonjour à mes voisins, les vendeurs qui me proposent leur aide alors que je porte mes écouteurs de façon ostentatoire, les transports en commun où tout le monde veut descendre et monter en même temps dans le wagon, les gares où les gens restent pendus à l'affichage de la voie, le dimanche où, pour une raison inexpliquée, tout le monde marche plus lentement, les Nouvel An « bien habillés », les soirées *weed*, les soirées coke, les soirées en général, les trottoirs de cinquante centimètres à Paris, les ascenseurs où l'on me demande : « Vous montez ? » et les déjeuners en cercle dans l'herbe m'empêchent d'écrire ce livre. J'ai beau être aussi résigné que je le peux, rien ne m'aidera dans cet exercice. Si bien que si ce livre ne sort pas ou se trouve être un admirable échec commercial qui détruira en moi toute envie d'écrire pour les cent prochaines années, ce sera de votre faute.

Peut-être que le problème n'était pas l'ambition, mais moi, et que j'avais besoin de changement.

J'ai voyagé pour devenir comme tout le monde

« Je hais les voyages et les explorateurs », écrivait Claude Lévi-Strauss en première page de *Tristes Tropiques*. En lisant cette phrase alors que j'essayais de trouver un sens à ma vie assis dans un RER en direction de l'aéroport de Roissy-Charles-de-Gaulle, je ne pouvais que me réjouir. Voilà un homme qui a cultivé la non-ambition avant moi, me dis-je, avant de froncer les sourcils face au paysage de désolation que représente la commune de Villepinte qui défilait devant moi. Installé dans cet épouvantable moyen de transport qui percute chaque année une centaine de dépressifs, j'étais émerveillé qu'un anthropologue ayant passé sa vie à voyager et à rencontrer plus de personnes que nous tous réunis ouvre son œuvre majeure par une critique gratuite de grand-père sénile. Imaginez Marc Levy commencer son nouveau roman *La Fille aux cheveux longs* par la phrase : « L'amour est une supercherie qui, au terme d'une longue séance de torture qu'on appelle la vie, nous emporte seul dans la mort. » Ce serait magnifique. Mais comme Marc Levy souhaite vendre des livres, il n'a jamais écrit une telle chose. Quant à Lévi-Strauss, il errait seul sur un bateau en direction du Brésil, décrivant un soleil couchant sur trente-deux pages pour finalement râler dans son for intérieur. Mais que pouvait-il bien faire d'autre quand la seule occupation mentale à sa disposition était un horizon vide et un repas tiède ? L'ethnologue avait sans doute déjà compris que le voyage est un concept abstrait, certes très attrayant, mais qui n'inclut pas la notion de transport, de contact humain et de formalités administratives. Pour ma part, j'en arrivais à la même conclusion chaque fois que j'embarquais à bord d'un avion. L'insoutenable proximité avec les autres, la possibilité d'une mort imminente sans pouvoir prévenir qui que ce soit de nourrir mon chat et l'atroce réalité d'avoir imaginé les mêmes vacances que tout le monde m'est insupportable. En observant une nouvelle fois la misère visuelle des grands ensembles de la banlieue parisienne qui déroulait trop rapidement sous mes yeux, une chose était claire : je hais moi aussi les voyages et les explorateurs.

Avant d'en arriver à cette révélation lancée à toute vitesse sur les rails des congés payés, j'étais quelqu'un de différent. Par différent, je veux dire plus jeune et plus con. Personne ne naît aigri des voyages et des gens, en général. Lorsque je pense au voyage, au sens large du terme, je suis comme vous : il m'arrivait de trébucher et de tomber de tout mon corps dans le panneau de la naïveté. Je rêvais alors de plages de sable fin désertes, de cafés populaires au fin fond du Costa Rica où tout le monde sourit, danse et prend la vie avec légèreté sans penser à l'avenir. J'imaginais des rencontres étonnantes et pleines de simplicité à l'autre bout du monde, qui avec de la chance pourraient changer ma vie à jamais. Le tout bien sûr sans contraintes matérielles, financières et psychologiques – comme si je me téléportais en un clin d'œil dans un lieu paradisiaque où passer l'aspirateur au moins une fois par semaine n'est pas nécessaire. En y réfléchissant quelques instants, le regard perdu dans les motifs de la moquette usée qui couvre les sièges du RER dans lequel je sombrais, cette conception du voyage s'apparente plutôt à la notion de décès : fermer les yeux et se retrouver loin de toute souffrance sans avoir eu à entamer un quelconque trajet. J'étais donc déjà dans la mauvaise direction. Quoi qu'il en soit, il m'arrivait moi aussi de voir dans le voyage une solution à tous les maux qui noircissent mon esprit dès lors que j'ouvre les yeux le matin en fixant un mur vierge de mon appartement. Tout voyage aurait pour finalité de nous faire atteindre cet instant d'allégresse que n'importe quel abruti comme moi vivant sur cette planète a déjà imaginé toucher du bout des doigts une fois – ce moment où tout devient plus clair, plus évident, comme lorsqu'on regarde un chien dans la rue. Une fois les pieds enfoncés dans une tonne de sable brûlant, on se dit alors que la vie ne se résume pas qu'à un emploi dans une société de services et un iPhone acheté en 24 fois sur Cdiscount. On en vient même à repenser le matérialisme occidental, à se dire que vivre avec 400 euros par mois c'est suffisant et que ce reportage Netflix sur le minimalisme n'a pas l'air si idiot. L'idée de devenir barman dans un pays en voie de développement fait son chemin, de même que celle de devenir un freelance nomade qui publie chaque jour sur *Medium* un *update* de son nomadisme. On prévoit déjà de s'installer dans une cabane insalubre avec son MacBook Pro Retina 15 pouces et si possible une bonne connexion Wi-Fi afin de conserver ses clients occidentaux. Dès lors, le voyage que l'on imagine se transforme vite en possible mode de vie qui viendrait concurrencer les errements d'une vie simple et ordonnée, dont l'horizon se dessine dans les traits incertains d'un enfant grassouillet et d'une cuisine à rénover. Quelque chose d'atteignable, à portée et qui agirait comme une évidence. J'ai longtemps eu cette image en tête, notamment à cause de ma désastreuse routine matinale.

Tous les matins, dès mon réveil, j'allume mon téléphone et lance Facebook sans même y réfléchir – par habitude, ennui, réflexe, qu'importe. Et tous les matins, mon fil d'actualité est pollué par des articles aux laïus désespérément semblables, du type : « Ils ont décidé de quitter leurs emplois très bien rémunérés pour partir à l'aventure », ou : « Leur vie n'est que vacances. » Mais comment font-ils ? Personnellement, je passe mes journées dans un bureau anonyme en échange d'un salaire pas génial et de quarante heures d'aliénation hebdomadaire – et je ne compte pas tout plaquer du jour au lendemain. Malgré mon apparente nonchalance, j'ai tendance à dramatiser les enjeux dès qu'il s'agit de prendre une décision pouvant me faire sortir des rails sur lesquels mon existence est engagée – genre voyager. La résignation est une décision qu'il faut tenir. Si je devais démissionner, lourder mon appartement et la copine que je n'ai pas pour découvrir le monde, beaucoup trop de questions paralyseraient mon cerveau – à commencer par toutes celles touchant à l'argent. Pur produit de mon époque, j'ai dû mal à concevoir une vie sans un rond en poche, à dépendre d'autrui pour survivre. Depuis peu – en gros, depuis « la crise » –, on ne compte plus les tribunes qui s'attaquent à un *fatum* sociétal inéluctable : études, stages, CDD, CDI et appartement couleur taupe. Aujourd'hui, même les types d'école de commerce hésitent à se lancer dans une carrière de *trader*, préférant « une grande aventure » faite de courses 4L Trophy et de tours d'Europe en Interrail – avant de se raviser pour se souvenir que la qualité de leur master se mesure à leur salaire futur. D'autres en viennent à citer Brad Pitt dans *Fight Club* – « C'est seulement quand on a tout perdu qu'on est libre de faire tout ce qu'on veut » –, comme si David Fincher était la réincarnation contemporaine de Cioran. Tout plaquer pour voyager est donc devenu un truc cool, et vomir sur notre univers consumériste un passage obligé pour tout mec avec un peu de jugeote.

Pourtant, l'idée de me tirer loin de notre société nauséabonde me laisse aujourd'hui songeur. Une fois passée l'excitation éphémère de la nouveauté, qu'est-ce que je pourrais bien foutre de mes journées ? Partir au bout du monde, c'est avant tout le risque de se retrouver seul. Si voyager est toujours source de rencontres, celles-ci ne sont qu'à durée limitée et se transforment très vite en souvenirs périssables. Comme une année Erasmus qui ne prendrait jamais fin, en quelque sorte. Dans mon esprit cartésien, tout plaquer pourrait se résumer en peu de mots : marcher trop longtemps, dormir dans un fossé et finir par faire la manche dans un métro glauque. Pourtant, les aventuriers d'aujourd'hui semblent mener une vie nettement plus agréable que la mienne. Photos de coucher de soleil agrémentées de *hashtags* #freedom, sourires démesurés, corps tannés ; les réseaux sociaux sèment le doute dans mon esprit – même si je sais pertinemment qu'ils sont, par définition, tout ce que la vie n'est pas. Dans une telle situation, on se dit qu'on est peut-être en train de louper quelque chose de plus intéressant que la rediffusion de tous les *X-Files*. Assister au bonheur exubérant d'autrui quand la question la plus importante de votre journée est : « Aurai-je le temps d'acheter du papier toilette ? » est aussi agréable que de voir un pitbull violer un enfant sourd. La non-ambition n'avait aucune réponse pour moi, et je me sentais perdu. Je ne croyais pas à cette possibilité, et pourtant j'étais là.

Débarquant enfin à la gare RER de l'aéroport après quarante minutes de trajet, je ne pouvais qu'être horrifié par ce qui se passait devant moi : des milliers de personnes en surpoids et habillés comme s'ils participaient à un cours de yoga circulaient à une cadence élevée dans les immenses allées du terminal. Tous plissaient les yeux de manière permanente pour, je l'imagine, entrevoir plus distinctement les écrans d'affichage des différents vols. Je ne sais pas si cette technique a déjà porté ses fruits, mais tous s'engueulaient de manière régulière. En plus de devoir déplacer leur propre corps, ils trimballaient avec eux d'énormes valises qu'ils entassaient sur des chariots métalliques semblables à ceux que l'on utilise pour transporter des meubles chez Ikea. D'autres, plus audacieux, se permettaient d'utiliser une valise à roulettes. La valise à roulettes est le cancer du XXIe siècle, une incohérence scientifique dont l'existence n'a de sens que pour semer la folie chez l'homme. Dotée de petites roues sur son flanc capables de tourner à 360 degrés, elle permet à des voyageurs aisés de (paraît-il) se déplacer plus vite et de ne pas supporter le poids de ladite valise. Si sur le papier cette idée semble acceptable pour permettre à toute une gamme de personnes de poursuivre leur quête du moindre effort physique, elle pose problème. Notre civilisation occidentale a bâti son urbanisme sur des trottoirs étroits, des rues pavées et des escaliers servant de sélection naturelle pour les personnes âgées. Ainsi, la valise à roulettes se trouve totalement inadaptée à nos infrastructures. La preuve en est, il est facile de repérer les propriétaires de valises à roulettes qui, comme des réfugiés à bout de souffle, trimballent difficilement leur immense valise à roulettes. Ils tirent leur valise, tel un corps sans vie, dans n'importe quel escalier, causant ainsi un bruit inadmissible à chaque nouvelle marche. Mais si, par chance, son détenteur a le luxe de rouler sur une surface plane, cela l'oblige toutefois à meurtrir son corps en prenant une position infiniment désagréable – tendre son bras derrière son dos pour la tirer tout en évitant que la Samsonite vienne taper ses chevilles, l'obligeant presque à se placer en biais. En plus de constituer un supplice physique pour son conducteur sans qu'il en soit conscient, celle-ci vient emmerder le monde entier à cause de ses coups réguliers avec les citoyens normaux qui, comme moi, portent des sacs à dos. Chaque fois qu'un touriste encastre sa valise à roulettes contre mes chevilles et a l'audace de s'excuser dans sa langue maternelle, je me demande si nous n'avons pas atteint notre point ultime d'incompétence, comme le suggère le principe de Peter. Ce principe, développé en 1970 par Laurence J. Peter et Raymond Hull dans leur ouvrage *Le Principe de Peter*, explique que « dans une hiérarchie, tout employé a tendance à s'élever à son niveau d'incompétence », avec pour corollaire qu'« avec le temps, tout poste sera occupé par un employé incapable d'en assumer la responsabilité ». Cela signifie que toute personne se voyant octroyer une mission sera particulièrement douée et volontaire au départ. Mais au gré de ses succès, elle arrivera à un point d'incompétence à force de stagner. N'ayant plus rien à apporter telle une éponge pressée qui n'a plus d'eau, la personne aura atteint son seuil d'inutilité. La société française fonctionnant comme une société par actions simplifiées, il est possible que la valise à roulettes soit l'expression directe de notre récente accession à un nouveau stade d'incompétence.

Alors que je m'apprêtais à monter à bord d'un avion, cette idée me donna un vertige. La valise à roulettes est un objet inadapté au monde, comme moi. Vivre me fatigue et je fais un effort surhumain pour me trouver dans cet aéroport qui regroupe tout ce qui m'exaspère. Tentant coûte que coûte de conserver en moi l'idée que le voyage est quelque chose de bénéfique, la vie vint m'adjuger un coup de pelle derrière la nuque alors que je rêvassais sur le tourniquet de la résignation. Cette douleur subite que l'humanité ne sait toujours pas endiguer, ce sont les cris ininterrompus et acérés d'un bébé qui pleure juste à côté de moi avant l'embarquement de mon vol (en retard d'une heure et demie) pour une destination exotique, disons le sud de l'Espagne. Alors que j'étais coincé au milieu de cette poisse, ma non-ambition m'a simplement dicté de fermer les yeux, puis de les rouvrir en regardant vers l'horizon et les pistes d'atterrissage pour y espérer qu'un Airbus A380 avec son plein de carburant se crashe et m'atomise sans douleur ni peine. C'est aussi à cet instant que je compris qu'avant même de haïr le voyage, il me fallait d'abord traverser de nombreuses épreuves, toutes plus infernales les unes que les autres. Dans la vie, c'est lorsque l'on souffre de manière excessive que l'on se pose les bonnes questions. Je me demandais donc ce que je foutais là, puisque je déteste les voyages et les explorateurs. Tout me faisait penser que le voyage est une source de malheur aussi violente qu'un dégât des eaux ; alors comment était-il possible que je sois sur le point d'embarquer ? En dehors des réseaux sociaux qui me rongent l'esprit, une autre chose participa grandement à ma présence ici : vous.

J'ai toujours eu le sentiment que les planètes s'alignaient pour me donner envie de m'enfermer chez moi pendant mille ans, pour ne ressortir que lorsque tout le monde serait mort. Avant même de me retrouver immobilisé entre un enfant qui couine et une hôtesse de l'air proche de la démence, j'ai dû affronter la pression sociale liée à l'obligation de voyager. C'est même elle qui m'a poussé à être ici, à attendre au milieu de milliers de valises Samsonite qui semblent toutes me dévisager jusqu'à me transformer en l'une d'entre elles. Chaque jour, cette pression m'est administrée par toutes les personnes qui meublent ma vie. Prenons, par exemple, Étienne, l'informaticien de mon entreprise – j'entends par « informaticien de mon entreprise » la personne à qui je demande des piles pour ma souris ou un clavier lorsque ce dernier ne fonctionne plus. De janvier à août, il m'assène régulièrement de : « Alors, tu pars un peu cet été ? », espérant entamer avec moi une discussion. Cette épouvantable question est à ranger avec les autres formes d'interrogatoire qui me donnent envie de disparaître pour de bon, telles que : « Alors, c'est pour quand l'emménagement ? », « Alors, quand est-ce tu achètes ? », et autre : « Alors, tu viens chez mes parents ce week-end ? » Me questionner sur l'occupation que je souhaite donner à mes congés payés me donne un haut-le-cœur. De la même manière qu'on me suggère d'investir mon argent dans un appartement, on me conseille également d'investir mon temps libre dans un voyage susceptible de m'ouvrir l'esprit. Alors en pleine explication virile aux lavabos des toilettes du bureau, je lui réponds : « Je ne sais pas si j'ai envie de partir, je vais peut-être ne rien faire. » Comme si je venais de lui dévoiler le secret de l'Arche d'alliance, Étienne me regarde fixement dans la glace tout en laissant l'eau s'écouler à côté de ses mains figées. Il est en état de choc.

Bien sûr, je vous déconseille de dire cela aujourd'hui. C'est contraire à la doctrine en vigueur. Notre société nous oblige à manifester notre hypothétique bonheur le plus souvent possible. Les personnes qui ne sont pas heureuses (comme moi) ou ne souhaitent pas l'être au sens commun du terme (comme moi) sont des parasites de la société (comme moi) qui mazoutent l'esprit d'honnêtes citoyens en quête de soleil et de légumes frais pour leurs vacances. Mais pour les autres, les non-ambitieux, il n'existe aucune échappatoire et la vie nous retrouve toujours – comme les impôts et les ex-copines. Chaque jour dans le métro et sur les publicités des magazines de société, la vie me propose des packs clés en main pour atteindre le bonheur suprême, moyennant une compensation financière et quelques frais de dossier. Le voyage est l'un de ces packs de vie, au même titre que l'investissement immobilier, le mariage et l'abonnement à une salle de sport. Ils sont un forfait tout compris et sans risque qui promet une montée de dopamine. Ainsi, le voyage est socialement perçu comme quelque chose de foncièrement positif, un truc qui fait du bien et qui se veut être un accomplissement après des mois de travail acharné. Écrire cette phrase avec mes propres mains me dérange, car certaines choses ne collent pas. « Travail acharné », « truc qui fait du bien » et « positif » sont des préceptes qui me donnent le mal de crâne. Si voyager est officiellement au XXIe siècle un sédatif contre le malheur qui ronge notre quotidien dès lors que nous signons un contrat de travail à durée indéterminée, il est donc aussi un produit que l'on ne peut pas critiquer à sa guise et que l'on doit embrasser sans réfléchir. Ne pas s'y plier, c'est injecter un *bug* dans le système. Refuser de voyager, c'est refuser le bonheur. Et refuser le bonheur en 2019, c'est être une merde. C'est pourquoi la plupart des gens (comme Étienne) me répondent souvent : « Ah, pourquoi ? Tu as des travaux à faire ? » Il est vrai qu'aujourd'hui, le voyage est un marqueur social de réussite très puissant. Dans notre société, quelqu'un qui réussit est toujours cool, et les gens cool voyagent. Au-delà des paysages déjà vus sur Internet et des pauvres locaux à prendre en photo, il s'agit surtout d'être en mouvement. Les gens qui ne pensent qu'à voyager me font penser à ces accros au running qui sautillent sur place à un feu rouge pour ne pas perdre leur élan – comme s'ils allaient s'autodétruire en cas d'arrêt.

Si voyager est cool, l'inverse ne l'est donc pas. Rester immobile chez soi tel un patient en phase terminale d'un cancer de la prostate fait de moi un être malheureux, et donc non cool. La mollesse et l'oisiveté ont toujours été les premiers critères de quelqu'un qui n'a pas envie de vivre. Pourtant, il est possible de vivre des choses agréables en dehors des vacances. Dans la tête des Français normaux, voyager, c'est être ouvert d'esprit, curieux et aventurier. C'est vouloir découvrir l'autre, apprendre de lui pour pouvoir grandir intérieurement. Je crois que cela rend certaines personnes attirantes, paraît-il. Voyager est devenu le loisir le plus commun pour l'humanité. C'est pourquoi il est si difficile d'aller à son encontre. Chaque jour, des milliers d'hommes et de femmes en adipose et rouillés par le soleil souillent de leur sueur cancérigène nos terres acquises il y a des milliers d'années. Cette idée implique deux choses. La première est que tout le monde veut voyager. Non pas pour découvrir comment nous autres Occidentaux attardés vivons, mais simplement parce que tout le monde le fait. La seconde est que tout le monde *doit* voyager car tout le monde dit que c'est globalement super et cela fait de vous quelqu'un de visuellement riche. Je l'ai déjà dit et la preuve se trouve encore dans la mondialisation. Dès lors que l'on parle du développement économique d'un pays et du pouvoir d'achat de ses habitants, les critères communément retenus sont souvent la capacité de ces derniers à voyager dans d'autres pays riches. Ce fut le cas pour l'Asie et aujourd'hui pour l'Afrique. Si les gens voyagent, c'est que leur pays va bien, donc qu'ils vont bien eux aussi. De fait, comment critiquer le voyage ? Ce serait comme cracher sur un bon repas alors que certains dans le monde peinent à l'obtenir. Nous le faisons tous, mais personne ne le dit ni l'accepte. Cela soulève d'ailleurs un autre point tout aussi sinistre. Je ne peux critiquer le voyage – ailleurs qu'ici –, car il est réservé aux riches qui, eux, ne se contentent pas de partir dix ans de suite au camping de Palavas-les-Flots pour y retrouver leur habituel emplacement numéro 49. Je suis donc coincé sous cette pression sociale qui tend à me faire croire que « partir » est toujours une bonne chose. Si je n'obtempère pas, notre société judéo-chrétienne est toujours là pour nous souffler à l'oreille : « Flagelle-toi, pauvre pécheur. » Loin de moi l'idée de faire la morale sur la mondialisation et le tourisme de masse – je n'en ai rien à foutre. Seulement, cette terrible pression autour du voyage et de mes testicules me retire toute envie de mouvement.

Bien sûr que tout ça n'a aucun sens. Mais rappelez-vous, je cultive la non-ambition. Cela signifie donc que je ne cherche pas à voyager le plus souvent possible car partir en vacances ne rime pas forcément avec bonheur. Je n'ai pas de carte chez moi où il me faut gratter les pays que j'ai visités comme sur un Loto Foot ou une liste de courses. À la limite, je veux bien admettre que voyager a le mérite de donner plus de choses à raconter que les autres qui, comme moi, s'enivrent d'une routine déconcertante. Mais qui aime écouter quelqu'un raconter sa traversée du Danube en kayak lors de l'été 2018, suivie d'une séance de visionnage de 974 photos ? Souvent, mon bonheur réside dans une tartine de Boursin et un documentaire sur les derniers tueurs en série. La pression des autres ne doit donc jamais m'atteindre, en théorie. Le truc est que je suis comme vous. À force de me réveiller chaque matin avec un sentiment de déjà-vu, l'impression et sans doute la certitude que la journée qui m'attend ne me réservera aucune surprise, je me pose des questions. Voir autant de personnes sourire sur Instagram, puis me raconter leurs escapades à Rio de Janeiro et les magnifiques rencontres qu'ils y ont faites me donne l'impression de louper la soirée de l'année. Vous savez, cet instant où vous n'avez pas envie de sortir parce qu'il pleut et que la soirée en question se trouve trop loin. Vous vous mettez à regretter cette décision seulement après avoir vu quelques photos passées sur Facebook et croisé un pote qui vous a dit : « Ouais, c'était dingue je suis rentré à cinq heures. » Après des mois de matraquage psychologique, j'ai fini par réfléchir à tout ça, je me suis demandé comment y résister, sans nécessairement « tout plaquer » ? Comment ne pas, au moins une fois, se dire : « Vivement les vacances » ? Cela amena une autre question, celle-ci beaucoup plus douloureuse : avais-je finalement tout faux ? Certes l'anti-ambition m'avait sauvé plusieurs fois durant ma vie en me montrant autre chose que la consommation irréfléchie d'un bonheur, mais elle m'avait aussi abandonné lors de périodes d'extrême souffrance. Je ne savais plus quoi penser, et surtout j'ai commencé à douter de la non-ambition, et accessoirement de moi. Ma résignation m'avait-elle éloigné de certains bonheurs simples de la vie ? Étais-je devenu ce misérable type cynique qui tente de masquer sa banalité par un prétendu mode de vie différent ? À force de tourner en rond chez moi à fustiger sur le monde entre deux rendez-vous chez le dentiste, j'avais peut-être arrêté de vivre. Mais encore une fois, était-ce une prise de conscience ou simplement le résultat d'une pression sociale qui, du fait de mon inévitable vieillesse, avait de plus en plus d'emprise sur moi ? Je n'avais alors aucune réponse à ces questions et le dernier appel pour l'embarquement en direction de Valence ne m'aida pas vraiment. La seule chose dont j'étais à peu près certain en esquivant les valises à roulettes qui occupaient entièrement le sol de l'aéroport est que, selon mes propres statistiques, les mecs qui baroudent un peu sont moins longtemps célibataires que moi.

J'étais en effet seul depuis que Julia m'avait quitté et Emma avait rapidement préféré le trois pièces haussmannien de Pierre à mon appartement donnant sur une rue cosmopolite. Bien sûr, je ne me suis pas arrêté de vivre pour autant, mais comme pour toutes les choses récréatives, le sexe peut être décevant. Trop d'alcool, trop de drogues ou trop de lumière sont des raisons valables pour transformer un épisode érotique en une terrible déception dont seul un ouragan de classe 6 pourrait la faire oublier. Afin d'éviter cela, j'ai décidé à la suite de cet échec de placer mes exigences à un niveau proche de zéro afin de me réserver le droit d'être surpris par la vie. Si d'un côté je n'attends rien, de l'autre je ne fais pas vraiment d'efforts. Je n'ai pas envie de prouver quoi que ce soit, puisque vous vous souvenez, j'ai arrêté d'essayer d'être cool depuis que six pompiers ont débarqué chez moi. Dans ces cas-là, la première chose à faire est d'être honnête avec soi-même. J'ai un sexe de taille intermédiaire et je ne fais pas l'amour dix fois dans la nuit comme certaines personnes le prétendent. Non pas que je n'en sois pas physiquement capable, mais simplement que je n'en éprouve pas le besoin. Je n'ai jamais été impressionné par ceux qui affirment baiser toute la nuit – d'une part, parce que je sais que c'est faux et qu'ils ont passé leur soirée en jogging devant un replay de *Black Mirror*, d'autre part, parce qu'il est scientifiquement impossible de prendre du plaisir en travaillant autant. Je ne suis pas non plus jaloux. Généralement, je me contente d'une fois, ou deux si vraiment quelque chose de spécial se produit, tel qu'une apparition divine. Si je tente d'aller plus loin, je me rends compte très rapidement que la fatigue prend le dessus et que je suis à court d'idées pour déclencher un nouvel (ou un premier) orgasme chez ma partenaire. Il arrive même que la fainéantise me gagne, la même que lorsque j'ai oublié mon chargeur de téléphone à l'autre bout de la pièce alors que je suis déjà dans mon lit. En conclusion, quelles pourraient être les conséquences d'un tel don de soi ? Que ma partenaire parle de moi à ses copines comme d'un « bon coup », ce qui me placerait au niveau d'un barman (idée irrespirable) ? La non-ambition m'a aussi permis d'accepter la défaite plus facilement. Si les choses tournent mal, mes faibles attentes m'auront protégé de tout instant de malaise. Simone Signoret disait au siècle précédent que « le secret du bonheur en amour, ce n'est pas d'être aveugle, mais de savoir fermer les yeux quand il le faut ». Je ferme les yeux le plus souvent possible. Pour l'instant, cela semble plutôt porter ses fruits. Ne rien attendre du sexe est comme ne rien attendre d'une réunion : cela revient à accepter calmement l'idée qu'aucune décision intelligente n'y sera prise. Et c'est très apaisant. C'est donc sans réelle surprise que la misère sexuelle dans laquelle je me trouvais depuis plusieurs mois avait également conditionné ma volonté de changer, voire de devenir un homme qui fait tout pour être heureux et ne pas mourir seul – je veux dire par là, avoir *a minima* des relations sexuelles. Quand on prend conscience qu'on a tort, ou tout du moins qu'on n'a pas eu raison sur toute la ligne (mais ça, je m'en étais rendu compte à plusieurs moments), et que l'on « a besoin de changement », on fait comme tout le monde : on part en vacances et on essaie d'avoir des projets. Voilà pourquoi je m'apprêtais à partir en compagnie de douze autres personnes en Espagne pour « profiter » et devenir comme eux : heureux.

L'ambition

Tout juste à bord de l'avion qui doit me transporter jusqu'à mon bonheur ultime fait de longues randonnées et de listes de courses pour douze personnes, mon téléphone vibra. Naturellement, je me demandais qui pouvait m'écrire à cet instant puisque la totalité de mes amis – et ou des connaissances, mecs ou meufs de mes amis que je déteste secrètement – était éparpillée dans le même avion que moi. Ma prévision fut assez juste puisqu'il s'agissait d'une notification et non d'un message. Cette dernière me disait : « Bonjour Paul, Thierry vous a ajouté à son nouveau Tricount "Spain Summer 18". Voici le lien pour y accéder. » À peine eus-je le temps d'encaisser cette nouvelle que j'aperçus la tête ronde et informe de Thierry passer au-dessus des sièges qui se trouvaient juste devant moi. À l'aide d'un sourire coupable qui laissait transparaître son excitation à l'idée de devenir le gestionnaire financier de nos vacances, Thierry s'adressa à moi sans vraiment parvenir à articuler. Il devait se contorsionner pour être en mesure de se retourner et me parler sans trop attirer l'attention. Je voyais qu'il donnait le maximum à mesure que son visage devenait très rouge. Je compris tout juste le « Paul, je t'ai ajouté au Tricount, ce sera plus simple s'il y a des dépenses dans l'avion ». Je répondis d'une moitié de sourire, lorsque seul un côté de mon visage s'active et que le reste demeure en veille – ou bien est désintéressé par la situation. Pendant un court instant, je me demandais si l'humanité ne s'en sortirait pas grandie si nous devions tous nous crasher au décollage. J'acceptais cette possibilité en ouvrant mon paquet de chips dont le crépitement lié à l'ouverture fit réagir Thierry, du moins physiquement. Il se mit alors à gesticuler quelques instants. Il me l'avait « acheté » juste avant l'embarquement. Alors que les hôtesses et les stewards nous expliquaient que pour survivre en cas de crash au milieu de l'océan, il faut suivre les lumières au sol et enfiler son gilet de sauvetage présent sous les sièges, je reçus une nouvelle notification : « Thierry a ajouté la ligne "3,45 euros / paquet de chips aéroport / Paul." »

Thierry est un mec super, c'est un ami de longue date. Il aime beaucoup visiter les musées, boire du vin rouge dans des bars à vin et marcher sur la plage le dimanche après-midi avec les mains dans le dos. Quand je le vois, je me sens bien, car je sais que tout ce qu'il va me dire sera soit positif, soit naïf. L'un n'empêchant pas l'autre. Thierry est à l'écoute, il répond à tous mes questionnements existentiels par : « Ouais, je comprends » – alors que de toute évidence, il ne pipe pas un mot de ce que je lui raconte. Mais on a besoin l'un de l'autre. Il me permet de rester positif et je lui permets de voir les choses telles qu'elles sont. C'est mon ami de compagnie, en somme. Par contre, Thierry est un énorme radin. Lors d'un précédent voyage organisé, il m'a demandé de lui rembourser 1,65 euro pour de l'essence qu'il n'avait même pas payée. J'ai dû télécharger son RIB, l'enregistrer dans mon application BNP et lui faire un virement après avoir attendu les quarante-huit heures de validation. Ce fut une véritable épreuve – et je crois même que ma banquière Gladys avait eu pitié de moi quelques semaines plus tard. Je ne suis donc pas surpris qu'il se soit porté volontaire dès l'embarquement pour gérer nos dépenses communes. Sans grande surprise, j'appris plus tard que son application était prête et paramétrée depuis des mois. Alors que notre avion s'envolait, je regardais par la fenêtre et tentais de me persuader que « c'est normal de faire ça », « plus simple » et que si tout le monde fait ça, « c'est qu'il y a une raison ». Plein de doutes sur ma non-ambition, je partais en vacances avec l'espoir de devenir une personne enthousiaste et légère, et pourtant une once d'angoisse commençait déjà à monter en moi. Nous venions à peine de décoller que Thierry m'avait rappelé pourquoi j'étais résigné quant aux vacances entre potes. S'infliger une autarcie totale avec des personnes que je ne vois habituellement que quelques heures par semaine – qui plus est, ivre – peut me donner envie de les molester à coups de parpaing au cours d'une randonnée. Si Dostoïevski écrivait dans *L'Idiot*, « vivre sans espoir, c'est cesser de vivre », il n'a sans doute jamais participé à une semaine de vacances avec douze personnes dans une maison qui ne dispose pas de lave-vaisselle. Quoi qu'il en soit, j'étais enfermé avec eux dans cette boîte en métal volante pendant encore trois bonnes heures et ma seule occupation résidait dans le hublot de ma rangée, du moins jusqu'à ce que mon voisin choisisse de le fermer pour faire une sieste.

Deux mois plus tôt, je passais le cap des trente ans, cet âge fatidique qui pour l'ensemble des magazines féminins reste une période difficile pour l'homme. Selon le *Grazia* du mois de juin 2018, « la crise de la trentaine » chez l'homme se caractérise par une profonde remise en question de toute sa vie, tant professionnelle que sentimentale. N'ayant jamais été aussi proche de la fin de son existence et des problèmes d'érection, il cherche des réponses et pourquoi pas un nouveau but à sa vie. Selon la journaliste qui a rédigé cette enquête, cela se traduit par deux changements possibles : soit par un ancrage massif et une proposition d'enfanter, soit par une décision de tout plaquer. L'homme seul, lui, plonge dans une lourde dépression. Étant dans cette seconde catégorie, j'étais inquiet. Je ne pouvais toutefois occulter que cette crise de la trentaine me frappait de plein fouet : j'étais dans un avion *lowcost* avec des amis pour une semaine de vacances, j'avais donc dû m'organiser. Par peur de mourir seul, j'ai fini par accepter l'idée que la non-ambition n'était peut-être pas la solution. Après tout, avoir des projets n'a de sens que parce que la mort se rapproche – raison pour laquelle je refusais ce mode de vie entre mes quinze et mes vingt-neuf ans. Une fois passé les trente années, j'eus subitement l'impression que la vieillesse du corps, la solitude et l'inutilité me guettaient. La nuit, je me questionnais sur mon avenir personnel et sentimental. L'anti-ambition avait transformé le premier au départ inexistant en un parfait compte LinkedIn. Mais *côté cœur*, j'étais toujours une pauvre bête, à l'inverse de mes amis qui vivaient la vie de couple que j'ai toujours détestée et qui aujourd'hui me faisait de l'œil. J'avais besoin de confort, moi aussi.

J'ai donc eu un projet : partir en vacances et entamer une transition vers l'ambition. Si ma présence dans cet avion prouve un certain succès, tout n'a pas été facile. Tout commença de la plus simple des manières. Après quelques verres dans un bar en semaine, l'un de mes potes s'exclama : « Si on louait une baraque en Espagne cet été ? Ça ne coûte rien. » Comme j'étais déjà saoul, j'étais persuadé que l'Espagne est aussi pauvre que l'Éthiopie et je ne savais pas dans quel pétrin je mettais les pieds. J'ai alors suggéré que nous lancions une conversation de groupe sur Messenger pour que tout soit organisé collégialement. J'avais tout faux. À peine ai-je passé la porte de mon appartement que les premières notifications pleuvaient et troublaient ma quiétude. Thierry avait gentiment créé un groupe intitulé « Summer-18 » avec un smiley planche de surf. Bientôt, la discussion se résumait à des blagues de qualité moyenne et à des vidéos de 9GAG.tv, et je commençais à croire que j'allais passer mon été dans un camping vendéen. En fait, ce groupe Facebook ressemblait à une assemblée générale d'étudiants en sociologie : c'est bruyant, ça n'a aucun sens et tout le monde n'en aura plus rien à foutre dans trois semaines. À cet instant, j'avais deux choix. Le premier consistait à désactiver les notifications de ce groupe et à ignorer celui-ci, jusqu'au moment où quelqu'un m'envoie un RIB. C'était clairement le choix de la non-ambition. L'avantage est que je pouvais continuer de vivre normalement, tandis qu'incombera aux autres la lourde de tâche de décider si une maison à la campagne avec piscine est mieux qu'une maison en ville sans piscine mais proche de la mer. L'inconvénient, c'est que ce comportement fait de moi un suiveur – le genre de parasite qui ne prend aucune décision et qui est toujours occupé à passer un coup de fil quand tout le monde range. Un vrai non-ambitieux en somme. Le second choix consistait à m'impliquer corps et âme dans l'organisation des vacances. Mais là encore, je risquais d'être catalogué comme le gros lourd qui cherche à avoir un contrôle total sur tout, et dont personne n'écoutera les propositions. Étant dans une phase de remise en question et d'acceptation de ma mortalité, j'ai choisi la seconde solution. Ce fut une maison loin de la mer mais avec piscine, ce qui m'allait très bien. Je me souviens même avoir lâché un : « Super ! Merci à tous », dans le groupe Facebook. C'était un bon début, je découvrais les bases de l'ambition.

Voyager avec des êtres humains peut autant être une expérience agréable qu'une torture psychologique sans commune mesure. J'ai tout essayé pour passer un agréable voyage, mais la vie semblait systématiquement m'envoyer un message. J'ai été réveillé trois fois en trois heures. La première fois, ce fut bien sûr mon voisin qui eut envie d'aller aux toilettes. La seconde, ce fut un steward qui proposait de me servir un repas proche de ceux qu'on donne aux détenus en quartier de haute sécurité. Enfin, la troisième, ce fut la faute de Stéphanie – la copine de Thierry –, qui aime beaucoup parler en terminant toutes ses allocutions par un rire démoniaque. Ce sont d'ailleurs eux qui me demandèrent en premier : « Alors, bon voyage ? » Après avoir passé trois heures et trente minutes assis sur un siège de bus scolaire installé pour l'occasion dans un avion et patienté dix-sept minutes debout dans les rangées de l'avion avec la tête pliée à 45 degrés pour ne pas me cogner dans les coffres à bagages, j'étais enfin libre. Surtout, je n'étais pas mort. Et contre toute attente, le vent chaud qui glissa le long de mon visage à la sortie de l'avion, allié à un décor exotique inconnu, me fit le plus grand bien. Bien sûr, j'étais épuisé, mais l'espoir de jours meilleurs renaissait en moi. Était-ce l'ambition de la vie qui commençait à me submerger ? Mes amis étaient, eux, très heureux. Leur sourire semblait automatique, comme figé dans le temps. Les vacances sont-elles une porte d'entrée vers un bonheur simple ?

Julie, une autre amie qui cherche régulièrement à évacuer toute forme d'incertitude de sa vie, m'a rapidement rappelé que non. Sa question fit l'effet d'une bombe. En récupérant sa valise sur le tapis roulant d'une lenteur saisissante, elle se tourna vers nous et dit : « On fait comment pour les chambres ? » Un froid glacial traversa notre groupe. J'eus l'impression qu'elle venait de nous rappeler que la moitié de la population mondiale vit sous le seuil de pauvreté. À cette question éminemment importante, je fus le premier à répondre avec un courage hors du commun : « Je ne sais pas, comme vous voulez. » Réflexe de non-ambitieux. Je mentais. J'y ai pensé les seize nuits précédentes et également pendant tout le trajet en avion. Je savais que mes amis aussi, surtout Thierry et Stéphanie qui s'étaient mutuellement rongé les ongles durant tout le vol. Nous nous sommes regardés, comme si le départ d'un *Hunger Games* venait d'être acté. Certains baissaient les yeux pour éviter que l'on découvre leur terrible secret : ils en avaient déjà parlé entre eux et il est probable que certains accords aient déjà été passés. La paranoïa s'emparait de nous tous, car aucun de nous ne voulait être lésé. Chacun essayait de connaître le plan de l'autre et personne n'osait dire quoi que ce soit. Des questions essentielles fusaient dans ma tête. Est-ce que je me jette comme un enfoiré sur la meilleure chambre ? Comment réagir si l'un d'entre eux le fait ? Est-ce que je gueule au risque de passer pour la personne la plus triste du monde, ou est-ce qu'il est préférable de se taire pour tenter de la faire culpabiliser ? L'avantage est que nous étions arrivés tous en même temps, échappant de peur au pire scénario : ceux qui estiment que « premier arrivé, premier servi » – ou, pire, ceux qui rétorquent : « Désolé, mais j'ai réservé les vélos, alors ça me paraît normal d'avoir la prio là-dessus. » Dans ces moments de tension extrême, il y en aura toujours un qui se fera avoir, et toujours un pour obtenir la suite avec la salle de bains – alors que ce dernier passera quinze jours d'affilée dans le même caleçon « parce qu'on est entre nous ». Je partais donc du principe que j'allais échouer dans la première catégorie, et qu'il faudra faire avec. Au fond de moi, je savais très bien qui de mes amis voulait absolument la meilleure chambre, par principe. Il fallait briser la glace. Nous étions dix, et c'est bien sûr Thierry qui se lança et confirma mes faibles attentes : « Bon, il est normal que les couples aient une chambre. Pour les autres, on fait à la courte paille ? » Je suis dans la catégorie *les autres*, ceux qui mangent avec les petits aux repas de famille et qui se tapent le lit simple à côté de celui qui ronfle en week-end. Il fallait donc que j'ajuste ma stratégie en fonction de ça. Si certains de mes potes avaient une belle chambre sous prétexte qu'ils étaient en couple, cela m'ouvrait une faille que la non-ambition m'aurait interdit d'utiliser. J'ai simplement profité de leur ego et simplement dit : « OK, du coup, vous ferez la vaisselle, alors ? » Le visage de Thierry, le chef des couples, s'est décomposé avant qu'il ne daigne répondre un timide : « Ouais, pas de problème. » Je me trouvais étonnamment doué pour prendre des décisions et avoir une certaine attente pour profiter au mieux de ces vacances. J'étais clairement en train de rentabiliser mon séjour.

Si me réveiller avec le chant des oiseaux et une forte chaleur apaisante est relativement agréable, la gestion de l'argent en communauté l'était moins. Toujours sujet aux cauchemars quant à mon récent passage aux trente ans, l'argent symbolisait cette vie que je refusais et qui tentait de me séduire depuis quelques semaines déjà. Au lieu de dire définitivement non à l'ambition, il me fallait y aller à fond. Mais tout me rappelait pourquoi j'avais été si longtemps résigné. Autant le dire tout de suite : oui, j'ai remboursé Julie de 1,24 euro pour les deux barquettes de frites achetées le premier jour sur la route vers Valence. « Les bons comptes font de bons amis », paraît-il. Thierry était toujours en charge de nos finances et, afin d'être certain de ne rien oublier, il tenait à organiser quotidiennement un point dépenses, bien souvent fait autour d'une table à l'extérieur de la maison afin que cette réunion ne donne pas trop envie de se caler la tête dans un four.

Cela peut aussi s'effectuer dans une voiture sur le trajet du retour de la plage. Tout dépend de l'heure. Mais plus tôt c'est fait, plus Thierry se sent libéré. Mes vacances étaient donc gérées par une application afin que personne ne se fasse gratter de 10 centimes. Ces applications ne servent pas à ne rien oublier – les radins n'oublient jamais ce que vous leur devez. Elles servent à légitimer la demande d'argent. Ce n'est pas vraiment Thierry qui me demandait de l'argent, c'est l'application. Du coup, Thierry n'est pas si infernal que ça. C'est infantilisant. Le mieux pour moi aurait été d'accepter d'emblée que l'argent serait au centre de ce voyage. Si ce sacrifice de Thierry pour gérer nos finances pouvait me donner l'impression d'être tranquille, j'étais plutôt son esclave. Avancer l'argent lors de chaque dîner lui donnait un genre de totem d'immunité pendant toute la durée du voyage – un peu comme quand le fait de débarrasser la table chez vos parents vous dispense de vider le lave-vaisselle.

D'ailleurs, les tâches ménagères sont la partie des vacances qui me rappelle deux leçons de vie essentielles. La première est que mes amis peuvent être vraiment des êtres humains très stressants et que j'avais bien fait d'avoir eu la présence d'esprit de ne pas faire de colocation avec eux. La seconde est que je suis vraiment un branleur et qu'ils ont bien fait de ne pas faire de colocation avec moi. Bien sûr, nous ne sommes pas des cyborgs, il va donc de soi que l'un d'entre nous détestait faire la cuisine alors qu'un autre va fulminer d'être tout seul à la faire pour la cinquième fois consécutive. Nous sommes tous différents – et c'est pour ça que le vivre-ensemble peut tourner au désastre. Tristan est celui qui prend les choses en main concernant les tâches ménagères. Il est sans doute un cousin éloigné de The Sentinel, ce mec aux sens hyperdéveloppés depuis une tragique mission au Pérou. Alors qu'il était en train de mettre la table, il était capable d'entendre et de sentir le moindre rire ou instant de détente de ma part. Je me pensais tranquille dans le jardin ? Il me voyait. Je pensais pouvoir discuter librement à l'étage ? Il m'entendait. C'était le plus ambitieux de nous tous. Je faisais donc des efforts pour me montrer disponible et tenter d'arriver à sa hauteur. La veille, alors que nous rentrions d'une plage bondée où les gens ne semblent vouloir rien faire si ce n'est attendre allongés sur le sable, je m'étais proposé pour couper quelques tranches de saucisson et servir des bières à tout le monde. Ce simple service me valut de nombreux éloges. J'eus l'impression d'avoir construit à mains nues une pyramide dans le jardin. Surpris mais heureux, je me voyais être subitement accepté par ma communauté qui – surtout les femmes – ne voyait plus en moi un être lent et inutile, tout l'inverse d'un mâle reproducteur. D'un coup, j'étais devenu ce trentenaire serviable et presque viril que j'ai longtemps cherché à être.

Comme n'importe quel garçon né au XXe siècle, j'ai grandi avec l'idée qu'un homme devait être puissant

– c'est-à-dire à la fois capable de faire jouir une femme seize fois dans la nuit et de chasser un écureuil avec une pierre. L'image de la virilité que j'avais adolescent était un assortiment de fragments de mon père, d'Indiana Jones et de Manuel Ferrara. Je suis aujourd'hui loin de cette image puisque les orages me font peur et qu'il m'a fallu deux ans pour me résoudre à acheter une tringle à rideaux. Mais n'ayant plus aucun autre repère sur ma non-ambition depuis un triste rendez-vous chez le dentiste, j'étais contraint de suivre cette voie. Ce tableau abstrait était comme décrocher Sciences Po : je ne savais pas pourquoi je le faisais, mais il paraît qu'une fois qu'on l'a, on est libre de faire ce qu'on veut. La vie n'étant qu'une série d'étapes qui ne conduisent toutes qu'à la mort, il était peut-être temps de devenir un homme. J'imaginais que coucher avec une fille régulièrement était l'une de ces étapes, vomir après avoir trop bu ou me battre sur le parking d'une boîte de nuit serait la suivante. Lancé à toute vitesse et sans freins sur l'autoroute du pathétique, je voulais à tout prix réussir cette transition pendant mes vacances afin de voir l'autre côté de la non-ambition. Mon credo pour ces vacances fut donc : « L'homme est à inventer chaque jour », une phrase de Sartre. Ces petites attentions telles que couper du saucisson, dire merci et me proposer aux activités de groupe étaient une première étape. À cet instant, je ne me sentais pas mieux. Pire, j'étais terriblement angoissé à l'idée de me regarder dans la glace. J'étais dans le même état d'esprit que pour un entretien d'embauche : prêt à tout pour me faire accepter. Et prêt à vomir.

C'est lors de l'une de nos dernières sorties de la semaine que j'ai sauté pleinement dans le bain de l'ambition. Les groupes d'amis se divisent entre deux catégories : d'un côté, ceux qui veulent faire les coins touristiques du Routard pour dire aux gens qu'ils les ont faits ; de l'autre, ceux qui veulent faire des trucs que personne n'a faits pour dire aux gens qu'ils l'ont fait. Au milieu de cette guérilla égotique, l'un de nous a fini par taper : « Soirées cool Valence pas cher » sur son téléphone pour espérer y trouver quelque chose d'assez chiant et universel pour plaire à mes amis. Dans un ultime élan de désespoir, je me suis résolu à moi aussi consulter la page Facebook d'un DJ du coin afin de voir s'il n'y avait pas une soirée de prévue le soir même. L'idée était encore une fois d'être force de proposition, pour voir ce que ça fait. À partir de là, je savais que je me dirigeais tout droit dans ce qu'on peut communément appeler « une soirée de merde ».

Ce volontarisme a pourtant plu à tout le monde – surtout à Joséphine, une amie de Julie qui depuis quelques semaines traînait avec « notre groupe ». Nous avons couché ensemble le soir même. Dans cette aventure inespérée, je peux remercier la drogue qui a joué un rôle important. La drogue est un élément essentiel de la vie de tout ambitieux. Elle permet de faire face à notre société génératrice d'angoisses. Se droguer permet d'oublier la douleur et l'insignifiance d'une vie sédentarisée vers laquelle je me tournais sans envie. La drogue permet de devenir compétitif, productif et combatif face aux problématiques majeures de notre société telles que : « Est-ce que je lui plais ? » Elle est une arme contre la société, au même titre que la non-ambition. Sauf que jusqu'à présent, ma non-ambition me permettait de vivre loin de ces crises, de les éviter. À l'inverse, la cocaïne donne les moyens de les affronter sans avoir envie de se tirer une balle dans la tête. La non-ambition est un bouclier, la cocaïne une arme. D'ailleurs, ma non-ambition face à la drogue a plusieurs fois failli foutre ma vie en l'air. Ne pas me droguer, c'est me retrouver souvent seul au milieu d'une soirée, assis sur une chaise avec les pieds recroquevillés pendant que les autres « dansent » – si gesticuler comme des corps inertes tombant d'un pont peut s'apparenter à danser. Les gens me parlent un dialecte que je ne comprends pas, accompagné de quelques crachats involontaires et d'une proximité physique assez déstabilisante mêlant sueur et haleine fétide. Bien souvent, je suis obligé de sourire bêtement, puisque peu importe ce que je dis, mon interlocutrice me répondra : « Ah ouais ? Ça défonce, mec ! » Si, tel un anthropologue des temps modernes, je tentais parfois de feinter une certaine défonce pour m'intégrer à la masse, j'ai cette fois fait le choix d'y aller afin de voir à quoi ressemble cette vie. Je ne voulais plus être celui qui reste à côté à attendre que quelqu'un daigne rentrer. Au lieu de subir, je voulais voir de l'intérieur de quoi il s'agissait.

Après seulement deux traces prises dans les toilettes insalubres du Paso Paso – un bar mexicain tenu par des Espagnols habillés en Mexicains –, je voulais tout gagner. Je me sentais beau, intouchable et sans doute apte sexuellement. Joséphine devait forcément succomber à mes charmes. Heureusement pour moi, elle avait également consommé quelques traces, nous plaçant donc au même niveau. Elle était seule, j'étais seul et après avoir consommé toute cette drogue, nous n'avions plus à nous demander si nous étions attirés l'un par l'autre. Cette question n'avait plus d'importance puisque la drogue avait retiré cette inconnue. Nous étions deux algorithmes qui n'avaient aucune raison de ne pas finir ensemble. L'occasion était aussi belle puisque d'une part Joséphine est magnifique, d'autre part je pouvais continuer ma route d'ambitieux vers le confort et les projets de vie. Une fois dans ma chambre (celle avec le lit simple), j'ai vaguement tenté de la soulever sur le bureau pour lui montrer que j'étais force de proposition. Mais j'avais surestimé ma puissance musculaire et, après quelques maladresses, le lit s'avéra être un bien meilleur théâtre pour son plaisir. J'étais, comme l'écrivait Ovide dans *Les Amours*, « un tronc sans vigueur, comme une statue, comme une masse inutile, et je pouvais douter si j'étais un corps ou bien une ombre ». Mais en voyant le visage heureux pour rien de Joséphine, je me dis que la drogue avait fait son effet et qu'elle voyait notre échange de fluides comme une magnifique poésie où tous les sens sont en éveil. L'important n'était pas là : j'avais, l'espace d'une soirée, goûté au plaisir de vouloir croquer la vie à pleines dents et d'être ambitieux quant au futur. J'ai même voulu le prendre en main, espérant reproduire les bienfaits de cette soirée en Espagne. J'avais trente ans, et je ne pouvais plus attendre éternellement que la vie se réveille pour moi. Il fallait donc que j'essaie pleinement, que je m'abandonne entièrement à cette vie simple que j'ai toujours vomie. Qu'avais-je à perdre ? J'avais souffert, l'anti-ambition m'avait sauvé, puis j'avais souffert de nouveau. Le confort me manquait, l'incertitude pouvait parfois m'épuiser et la mort ne m'avait jamais paru aussi proche. J'étais en train de changer et cela me donnait envie de décéder. Je ne savais pas ce que tout ça allait devenir, mais pour la première fois, j'étais cette sombre merde « qui ne veut pas se poser de questions ». C'était aussi pour faire plaisir à mes amis qui pensent que je suis continuellement malheureux du fait de ma résignation. Je voulais, pour une fois, leur montrer que je pouvais être comme eux et ainsi les empêcher de se poser des questions.

Faire le deuil de sa vie

Si Joséphine et moi sommes restés ensemble par la suite, il apparaissait évident qu'avoir joué l'homme viril n'y était pas pour rien. À peine rentré de vacances, les choses ont évolué. Voulant prendre en main mon destin, j'ai voulu définitivement troquer cette nonchalance pour une sorte de vie ordonnée qui, me disait-on, faisait aussi partie intégrante du fait d'être un homme mature. À trente ans, on est trop jeune pour être vieux et trop vieux pour être jeune. Il faut donc choisir son camp. J'ai choisi d'embrasser la vie des anciens afin de verrouiller le confort dans lequel je vivais par peur qu'il m'échappe de nouveau. Sans m'en rendre compte, je me suis retrouvé avec Joséphine dans un appartement tout équipé, à boire du vin dans des bars décorés comme des Leroy Merlin et à songer à prendre un abonnement complet dans une salle de sport fréquentée uniquement par des cadres supérieurs. Le point de non-retour fut atteint lorsque mon nombre de chemises est devenu supérieur à celui des tee-shirts. Je devenais un adulte gris. J'avais tout : un vrai travail, une enceinte de douche Bluetooth et des amis que je voyais une fois tous les semestres. Ma vie était devenue simple et plate. Cette situation m'écœurait autant qu'elle me rendait heureux. Je me persuadais que c'était ça, devenir un homme : prendre une décision et m'y tenir. Assumer mes choix, et souffrir s'il le faut. L'homme libre et non ambitieux que j'avais cherché à devenir pendant si longtemps a été remplacé par un conseiller clientèle de la Caisse d'Épargne – les mêmes que j'avais croisés dans cette boîte glauque de Hongrie quelques années plus tôt. J'étais certes proche d'être un homme, mais un homme avec qui on souhaite ouvrir un plan d'épargne logement – et non pratiquer une fellation inattendue. Il est toujours difficile de comprendre comment on en arrive là. La volonté d'appartenir à une catégorie sociale, d'acquérir un confort de vie et ne plus avoir à justifier les errements de sa vie sont des arguments plausibles. Les premiers mois, j'étais heureux avec Joséphine. Nous étions un couple beau, parfaitement éduqué et socialement introduit. Je n'avais plus à me poser de question sur elle, sur moi et sur notre futur. J'étais lancé sur une autoroute. Puis, sans trop savoir comment ni pourquoi, j'ai glissé vers le néant : cette phase où la vie à deux fonctionne comme une entreprise privée dans laquelle chacun tient son rôle. Le plaisir et les sentiments ont disparu au profit d'une organisation tayloriste, comme pour permettre à cette nouvelle entité de mieux fonctionner. Les discussions ne tournent plus autour de nos envies mais simplement autour de problèmes techniques auxquels il faut apporter des solutions : une machine à laver cassée, une facture EDF à payer et un dîner à organiser. Ici, j'avais tout fait pour devenir ce mec mature que l'on peut présenter à ses parents et engueuler parce qu'il rentre trop tard. J'étais prêt à m'asseoir sur mes principes pour vivre dans le calme jusqu'à la fin de mes jours. Mais Joséphine savait ce qui sommeillait en moi.

Quand Joséphine est partie, je me suis retrouvé seul dans un appartement, avec comme seul souvenir de cette vie idéalisée les traces de poussière des meubles qu'elle avait emportés. Une nouvelle fois, je m'étais planté. En étant cet homme moderne et malléable que Julia recherchait, ce mec cool avec un peu d'argent qu'Emma voulait tant et ce performer sexuel que Joséphine souhaitait : je croyais être dans le vrai. Quelques nouvelles relations sans intérêt plus tard, me revoilà à dévaler les pentes de mon *feed* Instagram dans l'espoir d'y trouver une réponse. Constatant avec effroi que la vie n'est qu'une suite de photos de plages et de chats, je songe un instant à cette insatiable quête pour devenir quelqu'un. À tout juste trente ans, je ne sais toujours pas ce qu'est un homme, ni même si l'ambition était mieux que l'anti-ambition. On m'a largué dans les deux cas. Est-ce si important ? Joséphine, Emma et Julia ne sont-elles pas de capricieuses immatures ?

Suis-je une grosse merde ? N'est-ce pas la faute de la société ? Ne sachant plus quoi faire, je m'en remis une nouvelle fois à Houellebecq qui répondit dans *Plateforme* à toutes mes interrogations existentielles : « Il y a des choses qu'on peut faire, et d'autres qui paraissent trop difficiles. Peu à peu, tout devient trop difficile ; c'est à cela que se résume la vie. » Devenir une personne ambitieuse, du moins l'image que j'en avais, était au-dessus de mes forces. J'avais essayé, et ça n'avait pas fonctionné. Alors qu'une certaine quiétude m'envahissait, je comprenais que mon bonheur ne se trouvait pas nécessairement ici. D'ailleurs, l'avais-je déjà réellement cherché ? Sans doute, mais je fonçais dans un mur. Charles Bukowski écrivait : « Comment diable un homme peut-il se réjouir d'être réveillé à 6 h 30 du matin par une alarme, bondir hors de son lit, avaler sans plaisir une tartine, chier, pisser, se brosser les dents et les cheveux, se débattre dans le trafic pour trouver une place, où essentiellement, il produit du fric pour quelqu'un d'autre, qui en plus lui demande d'être reconnaissant pour cette opportunité ? » Ce qu'il voulait dire par là, c'est que la vie est passablement merdique pour la plupart d'entre nous et que rien ne se passe comme prévu. J'ai définitivement compris cela le jour où j'ai envoyé un message de type : « Hey les gars, qui veut dîner au resto dans la semaine ? » sur le groupe Messenger de mes potes et moi. Après plusieurs heures, la seule réponse fut un : « Vu par tous », apposé en dessous de mon message, le laissant mort-né dans les limbes d'Internet. Quelques jours plus tard, l'un d'eux finit par envoyer une vidéo drôle d'un Indien qui glisse sur le ventre – sans même faire référence à ma proposition. Ce fut un moment terrible où j'ai compris que rien n'allait se passer comme prévu. Dans la plupart des films qui passent dans nos salles de cinéma, les personnages suivent la même trame. Ils grandissent ensemble et ne s'éloignent presque jamais. Ils sont comme attachés par des fils qui les rapprochent au bon moment, lorsque tout va mal, par exemple. Ce qui est logique, sinon le scénario serait globalement merdique et personne n'irait voir un film où les gens ne répondent pas aux messages de leurs potes et préfèrent rester chez eux à regarder *Enquête exclusive*. Pourtant, c'est exactement ce à quoi ressemble la vie après vingt-cinq ans. Quand on est jeune, on passe du temps avec ses amis et à se dire que le jour où l'on aura de l'argent, on pourra faire plein de trucs. C'est faux. Vingt-cinq ans est l'âge où l'on commence à perdre ses neurones et ses amis. Les premiers disparaissent noyés dans l'alcool, les suivants parce que boire est devenu moins intéressant qu'auparavant. À trente ans, organiser une soirée avec des amis qui habitent dans la même ville que vous peut être aussi compliqué qu'acheminer des vivres dans un pays en guerre. De fait, je ne propose plus rien et j'attends simplement que la vie m'envoie un message. Étrangement, tout devient plus positif. Le concept même de déception a disparu. Cette non-ambition amicale m'évite aussi d'être ce pote qui veut toujours faire des trucs « comme avant », tels qu'une soirée défonce dans une boîte d'adolescents, alors qu'à trente ans, les gens veulent dormir dans de vrais lits et se balader au soleil le lendemain. On pense toujours que quelque chose va finir par se débloquer, que les choses vont rentrer dans l'ordre d'elles-mêmes. Ça n'arrive jamais. Il faut accepter que les gens prennent des directions différentes et que rien ne pourra empêcher ça. Il faut alors faire le deuil de sa vie avant que celle-ci n'ait commencé, mais ne surtout pas se résigner. Au contraire, il faut apprendre à souffrir.

Le bonheur existe. C'est certain. Dans le cas contraire, nous chercherions tous à quitter ce monde le plus rapidement possible. Malgré des chiffres alarmants quant aux nombres de tentatives de suicide en France (78 128 en 2015 selon l'Observatoire national du suicide), il semble que ce ne soit pas le cas. Au XXIe siècle, il est communément admis que la vie est belle. Ou plutôt, qu'elle doit l'être. Peu importe les guerres, les maladies et les machines à étendre le dimanche soir, le bonheur serait bel et bien là, quelque part, à la portée de tous. Ainsi, la seule et unique raison de vivre résiderait dans le simple fait que le bonheur existerait et que chacun de nous peut – et doit – tout mettre en œuvre pour le trouver. La vie serait comme un tirage du Loto où l'argent est remplacé par le concept de bonheur. Le slogan serait le même « 100 % des gagnants ont joué ».

De fait, la vie est décrite comme un cadeau que l'on ne peut ni refuser ni revendre sur Le Bon Coin. Cette idée me paraît aujourd'hui complètement débile. Pour comprendre à quel point l'insatiable quête du bonheur est inutile, il m'a suffi de faire un état des lieux de tous ceux qui m'ont promis le bonheur. L'école, qui m'a promis des voitures volantes et qui aujourd'hui me propose des trottinettes ; l'État français, qui devait me garantir un cadre de vie décent et qui aujourd'hui m'oblige à utiliser La Poste pour mes colis ; Tinder, qui devait me trouver l'amour et qui m'a abandonné, seul, au milieu de rendez-vous gênants ; les entrepreneurs de « l'économie collaborative » qui devaient me permettre de prendre en main mon destin et non me transformer en livreur Deliveroo ; et enfin, mon ex qui préfère les mecs « cool ». Moi aussi, j'ai cru trouver le bonheur dans les vidéos de Maxime Barbier, les coussins à motifs et dans le fait de me forcer à faire des choses que je déteste, simplement pour « positiver ». Mais plus je prenais cette route, plus je m'enfonçais dans la folie. Alors, après avoir essayé de passer de l'autre côté, j'ai inversé mon raisonnement – une nouvelle fois. Il n'y a que les cons qui ne changent pas d'avis, n'est-ce pas ? Je devais retourner à la non-ambition, celle qui m'a découvert et ouvert les yeux aux moments les plus difficiles.

À la différence des ingénieurs de Google et des membres de BDE qui ont leur prénom inscrit sur leur tee-shirt, mon bonheur se trouve bel et bien dans l'acceptation du monde dans lequel je vis, que j'admets comme étant terriblement nul. En fait, le malheur intervient dès lors que le bonheur est imaginé. Pour faire simple, la recherche du bonheur conduirait à un malheur dantesque, et à l'inverse l'acceptation d'un malheur infini nous rapprocherait plutôt d'une forme de plénitude. Je pense donc être dans le vrai quand je dis que le bonheur est un truc de gros con. En plus d'un épanouissement certain, il se pourrait même que ma créativité se nourrisse du torrent d'emmerdes que constitue la trentaine actuellement. Balzac disait dans son roman *César Birotteau* que « le malheur est un marchepied pour le génie, une piscine pour le chrétien, un trésor pour l'homme habile, pour les faibles un abîme ». La recherche du bonheur serait donc contre-productive et entraînerait quiconque dans une chute vers la folie. Cela explique pourquoi je me sens parfaitement sain d'esprit lorsque je soupire à l'idée de me rendre à une soirée déguisée, ou quand 48 % de mon salaire disparaît dans mon loyer chaque mois. Si la littérature semble me donner raison, affirmer que je me complais dans le malheur serait inexact, puisque c'est le fait d'accepter sa possible présence qui me facilite la tâche – un peu comme la présence des contrôleurs de la SNCF.

Naître fait immédiatement de nous des esclaves. Au lieu de nous apprendre à vivre heureux, on ferait mieux de nous apprendre à vivre avec le malheur. Je milite aujourd'hui pour des conseils sur le malheur, des livres sur le malheur et des séminaires sur le malheur. La douleur sert à apprendre, c'est elle qui nous guide vers ce que nous souhaitons le plus. Le bonheur n'est pas quelque chose que l'on peut imaginer en se réveillant le matin. Peut-être que le seul espoir de notre génération réside dans l'acceptation la plus totale, la soumission à notre malheur et la destruction des tutoriels YouTube « Comment être heureux au travail ». Pour le reste, écoutez Houellebecq qui disait dans son essai *Rester vivant* : « N'ayez pas peur du bonheur : il n'existe pas. » Aucune crainte à avoir, donc.

Remerciements

À Marc pour avoir dit un jour : « Ah, ah, c'est marrant ce que tu écris ! » et à Alice : « Tu devrais peut-être proposer un article ? » ; à Julie Le Baron et à Julien Morel pour m'avoir embauché chez *Vice* il y a quatre ans ; à Léo-Paul qui avait tout vu avant tout le monde ; à tous les lecteurs de *Vice* qui, par leur addiction aux réseaux sociaux, ont permis à mes articles d'être lus ; à tous mes collègues (surtout Yannick, mon faux manager) ; à mes parents qui feront l'effort d'acheter ce livre même s'ils ne le liront pas ; à l'ingénieur Warren Teitelman qui a inventé le principe du « command Z » ; à la brasserie Chez Jeannette pour m'avoir servi 248 bières entre septembre 2018 et février 2019 ; à toutes les personnes qui ont supporté mon infernal : « En ce moment, j'écris un livre, et toi ? » ; à Barthélemy qui m'a écouté me plaindre pendant de longues semaines au sujet d'un texto que j'ai finalement reçu ; à Pierre Thyss pour avoir illustré toutes mes névroses de 2016 à aujourd'hui ; à Marie qui m'a donné l'envie d'y arriver ; aux Orléanais qui ont toujours été là ; et bien sûr à mon chat, Chat.

(Et aussi à mon éditeur, mais j'ai été obligé d'écrire ça.)

Pour l'éditeur, le principe est d'utiliser des papiers composés de fibres naturelles, renouvelables, recyclables et fabriquées à partir de bois issus de forêts qui adoptent un système d'aménagement durable.

En outre, l'éditeur attend de ses fournisseurs de papier qu'ils s'inscrivent dans une démarche de certification environnementale reconnue.

PAPIER À BASE DE FIBRES CERTIFIÉES

MARABOUT
s'engage pour l'environnement en réduisant l'empreinte carbone de ses livres.
Celle de cet exemplaire est de :
900 g éq. CO_2
Rendez-vous sur www.marabout-durable.fr

Préparation des textes : David Lerozier
Relecture : Maryvonne Corrigou
Photocomposition : Nord Compo

Imprimé en Espagne par Unigraf en mars 2019
pour le compte des éditions Hachette Livre (Marabout)
58, rue Jean-Bleuzen – 92178 Vanves Cedex
Dépôt légal : mars 2019
ISBN : 978-2-501-14081-2
46.1992.7/01